»Kinder sind Kinder« – Band 9

Erwin Richter / Walburga Brügge / Katharina Mohs

So lernen Kinder sprechen

Die normale und die gestörte Sprachentwicklung

3., neubearbeitete Auflage

Ernst Reinhardt Verlag München Basel

Erwin Richter, Sprachtherapeut, Straße der Jugend 12, D-03222 Lübbenau

Walburga Brügge, Logopädin, Richthofenerstr. 15, D-59063 Hamm

Katharina Mohs, Logopädin, Lilienstr. 22, D-59065 Hamm

Titelphoto: Thomas Lockenvitz, Bonn

Die Deutsche Bibliothek – CIP-Einheitsaufnahme

Richter, Erwin:
So lernen Kinder sprechen : die normale und die gestörte Sprachentwicklung / Erwin Richter ; Walburga Brügge ; Katharina Mohs. – 3., neubearb. Aufl. – München ; Basel : Reinhardt, 1997
(Kinder sind Kinder ; 9)
ISBN 3–497–01424-9
NE: Brügge, Walburga:; Mohs, Katharina:; GT

ISSN 0720-8707

Printed in Germany

Vorwort zur 3. Auflage

Über die Anfrage des Ernst Reinhardt Verlages, den Elternratgeber „So lernen Kinder sprechen“ zu überarbeiten, haben wir uns gefreut. Wir haben in dieser Auflage wichtige Bereiche der Logopädie, eigene Erfahrungen aus der Kindertherapie und Erfahrungen mit unseren eigenen Kindern berücksichtigt.

Es war uns wichtig, daß die einzelnen Kapitel in sich abgeschlossen sind. Daher kommen manche Aspekte in mehreren Kapiteln vor. Neben den aufgeführten Hinweisen zur Förderung der Sprachentwicklung des Kindes möchten wir vor allem die Freude am gemeinsamen Spiel und die Bedeutung einer guten Eltern-Kind-Beziehung unterstreichen.

Eltern, die sich Sorgen machen, ob die Sprachentwicklung ihres Kindes altersgerecht verläuft, möchten wir Mut machen, sich Rat und Hilfe zu holen. Viele Kinder im Vorschulalter zeigen Auffälligkeiten in der Sprachentwicklung. Wir hoffen, daß dieser Ratgeber Ihnen als Eltern oder ErzieherInnen eine hilfreiche Unterstützung ist.

W. Brügge, K. Mohs

Inhalt

Teil I
Die normale Sprachentwicklung

1. Einführung

Mit vorliegendem Buch wird Eltern und ErzieherInnen eine Schilderung der Sprachentwicklung des Kindes gegeben und auf mögliche Verzögerungen oder Auffälligkeiten innerhalb dieser Entwicklung aufmerksam gemacht.

Zunächst werden die Vorbedingungen für den Erwerb von Sprache und Sprechen benannt. Dann werden Anhaltspunkte und Daten für die normale Sprachentwicklung gegeben. So können die Eltern die Entwicklungsschritte ihres Kindes leichter einordnen, evtl. Abweichungen erkennen und zunächst mit dem Kinderarzt besprechen. Anschließend werden Anregungen und Hilfen geboten, wie die Sprachentwicklung systematisch gefördert werden kann.

Der zweite Teil beschäftigt sich mit den Auffälligkeiten der gestörten Sprachentwicklung und gibt Hinweise für den sprachlichen Umgang mit Kindern.

Das Elternhaus hat für die Sprachentwicklung des Kindes eine große Bedeutung, da die Eltern im täglichen Umgang und Gespräch in der Familie ihre Sprache an das Kind weitergeben. Darüber hinaus haben sie die Möglichkeit, durch gezielte Beschäftigung mit ihrem Kind seine Sprachentwicklung bzw. andere Fertigkeiten zu fördern.

Da die Eltern meist die unvollständige Sprache ihres Kindes verstehen, erkennen sie eine Verzögerung in der Entwicklung oft nicht rechtzeitig. Hier soll das vorliegende Buch aufklären und helfen. Allen Eltern wird empfohlen, von Anfang an die Sprachentwicklung ihres Kindes zu verfolgen, um gegebenenfalls rechtzeitig reagieren zu können, d. h. geeignete Fördermöglichkeiten für ihr Kind zu suchen.

Oft werden die Eltern, deren Kind einen sprachlichen Entwicklungsrückstand zeigt, vom Umfeld getröstet: „Bis zum Schuleintritt wird das Kind schon noch richtig sprechen lernen!"

Es ist wichtig abzuklären, ob neben der Sprachauffälligkeit des Kindes auch andere Entwicklungsbereiche nicht altersentsprechend entwickelt sind, und ob das Kind intakte organische Voraussetzungen (Sehen/Hören) für den Spracherwerb hat. Früherkennung und frühe Förderung sind auch deshalb so wichtig, weil sich aus der primär bestehenden Sprachauffälligkeit des Kindes in der Folge sekundäre Auffälligkeiten entwickeln können, wie z. B. Abnahme der Sprechfreude, Entwicklung eines Störungsbewußtseins, Schwierigkeiten beim Lese-Schreib-Lernprozeß in der Schule. Wir appellieren deshalb an die Eltern, die Sprachauffälligkeit ihres Kindes ernst zu nehmen.

Die entscheidende Zeit für die Sprachentwicklung sind die ersten vier Lebensjahre des Kindes. In dieser Zeitspanne liegen unter gewissen Voraussetzungen auch die Ursachen für eine verzögerte Entwicklung im vorsprachlichen oder sprachlichen Bereich.

Haben die Eltern den Eindruck, daß die Entwicklung ihres Kindes nicht altersgemäß verläuft, sollten sie zur Diagnostik und Beratung den Kinder- oder Hals-, Nasen-, Ohrenarzt aufsuchen, der wiederum an LogopädInnen oder SprachtherapeutInnen überweist. Einen Therapeuten aufzusuchen bedeutet nicht in jedem Fall, daß eine Therapie eingeleitet wird, vielmehr haben die Eltern die Möglichkeit, eine objektive Beurteilung über den Entwicklungsstand ihres Kindes und Anregungen für die häusliche Förderung zu bekommen. Sollte es erforderlich sein, wird eine Förderung im vorsprachlichen bzw. sprachlichen Bereich eingeleitet.

Gerade bei Sprachauffälligkeiten sind Früherkennung und Frühbehandlung von außerordentlicher Wichtigkeit.

2. Wissenswertes zur Sprache und zum Sprechen

Die Bedeutung der Sprache

Die Sprache ist das Verständigungsmittel der Menschen. Sie bildet die Brücke in den zwischenmenschlichen Beziehungen und ist das wichtigste Medium, um mit anderen Personen in Kontakt zu kommen, Gedanken und Gefühle auszudrücken, Wünsche und Begehren kundzutun, Erlebnisse zu verarbeiten, Handlungen zu planen, Zusammenhänge zu verstehen und Erfahrungen auszutauschen. Die Sprache ist erforderlich, um uns verständlich mitzuteilen, aber auch um andere Menschen zu verstehen. Entwicklung und Pflege der Sprache sind von besonderer sozialer Bedeutung für das weitere Leben des Kindes.

Das Sprachverständnis

In der zeitlichen Entwicklung entsteht, noch vor der aktiven Benutzung der Sprache, das Sprachverständnis. Das Kind versteht und begreift, daß ein Wort stellvertretend für einen Gegenstand bzw. eine Handlung stehen kann. Unter bestimmten Entwicklungsvoraussetzungen ist ein Kind mit ca. 9 Monaten in der Lage, neben dem Spiel mit dem Gegenstand das dazugehörige Wort aufzunehmen und zu speichern. Mit der Zeit kann das Wort den Gegenstand ersetzen.

Das Kind hat dann ein inneres Bild aufgebaut, d. h. eine Vorstellung zu den Gegenständen, zu denen jeweils Merkmale gespeichert werden (z. B. Ball – rund – rollt – werfen etc.). Mit der Zeit speichert das Kind zu jedem Gegenstand immer mehr

Merkmale. Nun wird durch das Wort allein die Vorstellung genauso hervorgerufen wie durch den Gegenstand selbst.

Im Lauf der Zeit können immer mehr Substantive – später auch Verben und Adjektive – gelernt, gespeichert und differenziert werden. Über das innere Bild entwickelt sich auch das Rollenspiel und das Bedeutungsspiel, das über längere Zeit und im gedanklichen Austausch mit anderen gespielt und gemeinsam verändert werden kann.

Die geistige Entwicklung

Unter geistiger Entwicklung versteht man die schrittweise Integration der Umwelterfahrungen mit allen Sinnen. Wir unterscheiden die in Abb. 1 dargestellten Wahrnehmungssysteme (Rechtecke), die damit gemachten Umwelterfahrungen und die Ergebnisse der Integration dieser Erfahrungen (Kreisinneres).

An dieser Stelle möchten wir feststellen, daß das Kind seine Umwelterfahrungen in erster Linie durch das Spiel sammelt. Seiner Entwicklungsstufe angepaßt sucht sich das Kind in der Regel jeweils Spielmaterialien, durch die die verschiedenen Wahrnehmungssysteme immer wieder angesprochen werden.

Piaget betont besonders die sensomotorischen Fähigkeiten als Grundlage für die intellektuelle, soziale und persönliche Entwicklung des Kindes. Diese sensomotorischen Fähigkeiten kann das Kind nur durch ausgiebiges Sichbewegen und Spielen erfahren. Nach Piaget kann sich abstraktes Denken erst im Alter ab ca. 7–8 Jahren entwickeln, wenn das Kind ausreichend Gelegenheit hatte, Erfahrungen im konkreten Umgang mit den Dingen zu sammeln.

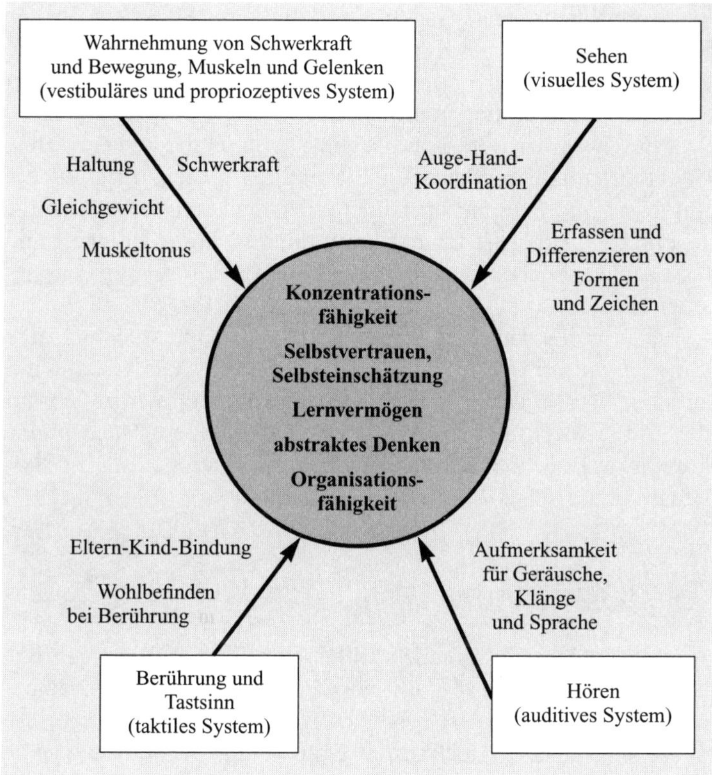

Abb. 1: Voraussetzungen für die geistige Entwicklung

Die Bedeutung des Spiels

Spielen bedeutet für die Kinder, sich aktiv mit ihrer Umwelt auseinanderzusetzen. Schon im Alter von ca. 4 Monaten beginnen sie, neugierig nach Gegenständen zu greifen und erfahren im Lauf der Zeit, daß man sie sehen, hören, riechen, schmecken oder ertasten kann.

Begreifbar werden Gegenstände und ihre Funktion für das Kind erst durch eigenes Hantieren mit verschiedenen Dingen. Die einzelnen Erfahrungen speichert das Kind und kann sie dann auch auf andere Situationen übertragen.

Alles, was wir dem Kind zeigen, kann es nicht mehr selbst erfahren. Trotzdem können die Eltern Situationen aufgreifen, um mit dem Kind gemeinsam Dinge zu entdecken oder ihm Dinge zu erklären. Spiel ist für das Kind eine wichtige Tätigkeit und sollte daher nicht ohne besonderen Grund unterbrochen oder gestört werden.

Auch in den nächsten Jahren erfährt das Kind spielend seine Umwelt und verarbeitet Erfahrungen mit seiner Umwelt und mit anderen Menschen in Spielsequenzen. So finden wir im Verlauf der Entwicklung Nachahmung von Handlungen, Nachspielen komplexer Begebenheiten und auch Spielvariationen zu Konfliktsituationen.

Unterscheidung von Sprache und Sprechen

Auch Sprache und Sprechen bilden eine Einheit, die eigentlich nicht zu trennen ist, aber mit verschiedenen Begriffen bezeichnet wird. Unter Sprache verstehen wir ein System von Wörtern und grammatischen Regeln, dem eine geistige Leistung zugrunde liegt. Sprechen ist die ausführende Tätigkeit unter Inanspruchnahme eines Muskelsystems. Wir können Sprache und Sprechen mit Planen und Ausführen vergleichen. Sprachfähigkeit und Sprechfähigkeit benennen zwei verschiedene Funktionen und sind demgemäß auch an zwei Lernprozesse gebunden: Erstens an die geistige Fähigkeit, die richtigen Worte so schnell in den Denkprozeß einfließen zu lassen, wie sie für eine Mitteilung gebraucht werden; zweitens an das überaus schnelle und komplizierte Muskelzusammenspiel, das erforderlich ist, um aus produzierten Silben und Wortfolgen das Sprechen entstehen zu lassen. Sprechen ist also das „Lautmachen“ der in Sprache geformten Gedanken. Eine genaue Begriffsbestimmung von Sprache und Sprechen ist kaum möglich: Wir sagen Sprachförderung und Sprachfertigkeit und meinen dabei gleichzeitig die Förderung und Fertigkeit des Sprechens. Andererseits denken wir bei Sprecherziehung immer auch an Spracherziehung. Wenn wir also im folgenden von Sprachentwicklung reden, so bezieht sich das stets auch auf die Entwicklung des Sprechens.

Lernen von Sprache und Sprechen

Die Sprache ist dem Kind nicht angeboren, nur die Voraussetzungen, d. h. organische Anlagen und die Fähigkeit zu sozial-emotionalen Beziehungen sind ihm mitgegeben worden. Jedes Kind muß in einem Lernprozeß Sprache und Sprechen erwerben. Das primäre Sprechenlernen spielt sich immer innerhalb zwischenmenschlicher Beziehungen ab. Ohne Anregung durch die Umwelt würde ein Kind nie seine Muttersprache erlernen. Alles was es erlernen soll muß das Kind mit allen Sinnen erfahren dürfen. Es bedarf sprachlicher Zuwendung, damit in den ersten Lebensjahren des Kindes dieses komplizierte Gebilde Sprache aus einem seelisch-geistig-organischen Zusammenspiel entsteht. Da diese Entwicklung von vielen Voraussetzungen abhängig ist und Sprache ein sehr komplexes und durch zahlreiche Faktoren mitbestimmtes Geschehen darstellt, ist die Störanfälligkeit hoch.

Der Sprechvorgang

Beim Sprechen wirken drei Vorgänge zusammen: Ausatmung, Stimmgebung (Phonation) und Lautbildung (Artikulation). Die Ausatemluft wird im Kehlkopf in den Grundton umgesetzt. In den darüberliegenden Resonanzräumen (Nasen- und Rachenraum, Mundhöhle) bekommt der Grundton seinen sprecherspezifischen Klang. Gaumensegel, Zunge, Lippen und Kiefer müssen eine ganz bestimmte Stellung einnehmen, um einen Laut zu bilden (Artikulation). Bei einer Lautfolge (Wort) muß dieses so fein abgestimmte Zusammenwirken der Muskeln – für jeden Laut neu – schnell und präzise erfolgen. Ein langer Lernvorgang ist erforderlich, bis – im Verlauf der Entwicklung – aus einzelnen Lauten die mühelose und unbewußte Artikulation entsteht.

Für jeden Laut wird unbewußt ein bestimmtes Bewegungsmuster gespeichert, zunächst unabhängig davon, ob ein Laut richtig oder falsch gebildet wird. Im Verlauf der Sprachentwicklung wird die eigene Lautbildung immer wieder klanglich mit der der Umwelt verglichen. In der Regel wird das motorische Bewegungsmuster so lange verändert, bis ein gleicher Klang wahrgenommen wird. Ein intaktes Hörvermögen ist dafür unbedingte Voraussetzung.

Die Bedeutung der Stimme

Sprechen ist immer an Stimmgebung gebunden. Tritt bei der Atmung oder bei der Stimmgebung eine Hemmung bzw. Störung ein, so kann als Folge eine Störung des Sprechablaufes oder des Stimmklanges auftreten, auf die im Rahmen dieses Buches nicht näher eingegangen werden kann.

Für den Säugling ist das Schreien eine stimmliche Äußerung und bleibt für die ersten Lebensmonate die einzige Möglichkeit, seine Bedürfnisse anzumelden. Der Säugling schreit, wenn er hungrig ist, wenn er naß ist, Schmerzen hat oder Zuwendung sucht. Beim Schreien ist der Stimmeinsatz hart oder gepreßt. Ist der Säugling zufrieden, haben seine Lautierungen weiche Stimmeinsätze. Schon nach einigen Wochen können aufmerksame Eltern an der Art des Schreiens bzw. der Modulation der Stimme unterscheiden, ob der Säugling zufrieden ist, ob ihn etwas bedrängt oder ob er etwas möchte.

Es wurde bereits erwähnt, daß unsere Stimme modulationsfähig ist. Beim Sprechvorgang verläuft die Stimmführung in einer Betonungskurve, der Sprechmelodie, so daß z. B. ein Fragesatz (Wo gehst du hin?) eine andere Melodie hat als ein Aussagesatz (Der Baum ist groß.) Erinnern wir uns daran, daß die psychische Situation eines Menschen nicht nur durch die Wahl seiner Worte, sondern auch durch deren Betonung, durch Lautstärke und Rhythmus des Sprechens erfaßt wird. Verlangen oder Weigerung, Freude oder Schmerz, Gefallen oder Ablehnung werden durch die Modulation der Stimme kundgegeben. Es ist mitunter nur die Melodie eines Wortes oder die Betonung einer Silbe, die zum rechten Verstehen führen. Die Stimme spielt dabei immer die entscheidende Rolle, sie ist die Übermittlerin der Gefühle.

Die Bedeutung des motorischen Bewegungsvollzugs

Die Bildung der Laute (Artikulation) und ihre Gliederung zu Silben und Worten ist an einen motorischen Bewegungsvollzug gebunden. Unter Motorik verstehen wir alle willkürlichen Bewegungsvorgänge, welche die Stellung und den Spannungszustand des Bewegungsapparates und damit das Muskelsystem verändern. Die Fähigkeit zum Erlernen des Sprechens ist somit auch ganz von der Entwicklung des motorischen Systems abhängig. Jede Störung in der Entwicklung des motorischen Systems kann sich auf das Sprechenlernen auswirken.

Die Eltern sollten der körperlichen Entwicklung ihres Kindes und der damit verbundenen Bewegungsfähigkeit Aufmerksamkeit widmen. Wir unterscheiden grobmotorische und feinmotorische Bewegungsabläufe. Zur Grobmotorik gehören alle gesamtkörperlichen Bewegungen z. B. Laufen, Klettern, Hüpfen, Ball fangen. Die Feinmotorik zeigt sich in den dosierten und fein abgestimmten Bewegungen vor allem der Finger und der Hände. Das Sprechen erfordert in besonderem Maße eine gut entwickelte Fein- und Mundmotorik und eine gute Eigenwahrnehmung. Die Muskelgeschicklichkeit und Wahrnehmung der Sprechorgane bildet sich bereits durch Anwendung und Übung in der Zeit der Lallperioden, in denen der Säugling die verschiedensten Laute formt und mit ihnen spielt und wird im Verlauf der Sprachentwicklung immer weiter verfeinert.

Im muskulären Bewegungsvollzug können Kinder Unterschiede zeigen. Bei dem einen Kind scheint die Zierlichkeit der Bewegungen angeboren zu sein, ein anderes ist ungeschickt und lernt nur sehr langsam seine Muskeln in geordneter Weise zu gebrauchen. Wie sich dies bei allen Bewegungen, so z. B. beim Greifen und Gehenlernen zeigt, so können wir es auch beim Sprechenlernen beobachten. Durch die Kompliziertheit und die ungemein schnelle Bewegungsfolge bei der Lautbildung kann es leicht zu Abweichungen bei der Artikulation kommen.

Wir stellen heraus: Es besteht ein enges Verhältnis zwischen dem allgemeinen motorischen Bewegungssystem und der Geschicklichkeit der Mund- und Zungenmuskulatur im besonderen.

3. Vorbedingungen für eine normale Sprachentwicklung

Für die Entwicklung der Sprache und das Erlernen des Sprechens sind einige Vorbedingungen erforderlich; es sind einerseits angeborene Anlagen und Fähigkeiten und andererseits Einflüsse aus der Umwelt des Kindes, die im Zusammenwirken den geschilderten komplizierten Lernprozeß ermöglichen:

- das Gehör
- der Sprechantrieb
- das sprachliche Vorbild
- die Umweltbedingungen
- die Motorik
- die Wahrnehmung.

Das Gehör

Das Gehör wird als Vorbedingung für die Sprachentwicklung angesehen. Ohne Gehör ist keine Nachahmung des Sprechens möglich. Dem schwerhörigen oder gehörlosen Kind fehlen Hörerfahrungen für Umweltgeräusche, Klänge und Sprache. Daher muß für diese Kinder möglichst früh eine gezielte Förderung erfolgen, damit sie Sprache und Sprechen erlernen. Schon bei einer leichten Einschränkung des Hörvermögens (z. B. nach Infekten im Hals-, Nasen-, Ohren-Bereich) kann das Kind ähnlich klingende Laute (wie z. B. <u>B</u>ach – <u>D</u>ach) nicht mehr voneinander unterscheiden.

Bereits in den ersten Monaten zeigt ein Kind Lauschreaktionen wie z. B. das Innehalten beim Saugen. Hinwenden des Kopfes oder der Augen in die Richtung der Schallquelle ist ebenfalls eine sehr frühe Reaktion. Das Klingeln des Telefons oder das Einschalten des Radios lassen das Kind aufhorchen. Reagiert es nicht auf diese Geräusche, zeigt es im Alter von 3–6 Monaten keine lauschende Hinwendung auf Stimmen, ist es ratsam, untersuchen zu lassen, ob eine Hörstörung besteht. Zur Diagnostik sollte unverzüglich ein Hals-, Nasen-, Ohrenarzt bzw. ein Phoniater aufgesucht werden.

Eine Schwerhörigkeit muß so früh wie möglich erkannt und therapeutisch versorgt werden. Bleibt bei einem Kind eine Hörstörung über lange Zeit unerkannt, kann sich seine allgemeine Entwicklung verzögern. Die Sprachentwicklung kann ebenfalls verzögert verlaufen bzw. ganz ausbleiben.

Der Sprechantrieb

Der Sprechantrieb und die Sprechunlust haben auf die Sprachentwicklung des Kindes einen erheblichen Einfluß. Sind diese treibenden Kräfte unentwickelt geblieben oder unterdrückt worden, so kann es zu einer verlangsamten Sprachentwicklung kommen.

Das erste Anzeichen von Sprechantrieb zeigt sich bereits ab dem 3. Lebensmonat beim Lallen. Kinder führen oft lange „Lallmonologe“, die in den ersten 6 Lebensmonaten von der Freude an den Bewegungen und dem Ausprobieren der Sprechwerkzeuge (Lippen, Zunge, Gaumen, Kiefer) aufrecht erhalten werden.

Im 2. Lebenshalbjahr tritt die auditive Aufmerksamkeit mehr in den Vordergrund, die Kinder plappern dann, weil sie sich selbst gern hören.

Beide Phasen werden unterstützt durch die Zuwendung, die die Kinder erhalten, indem Eltern/Geschwister ihre Äußerungen wiederholen, aufgreifen, leicht variieren und so erste „Sprachäußerungen“ als Spiel und als Mittel der Kontaktaufnahme verstärken.

Eine positive Verstärkung (Äußerungen aufgreifen, Gespräche

führen) unterstützt die Sprechfreude und den Lerneffekt. Ständiges Korrigieren und Kritisieren hemmen die Sprechfreude und das Selbstbewußtsein des Kindes in Bezug auf Sprache.

Das sprachliche Vorbild

Die Sprachentwicklung ist auch ein Prozeß des Lernens durch Nachahmung. Sprache kann sich nur unter dem Einfluß der Umwelt bilden: Das Kind lernt nur sprechen, wenn wir mit ihm sprechen. Der Weg in die menschliche Sprachgemeinschaft gelingt dem Kleinkind durch ständige Anregungen und eigenes Ausprobieren, so wie auch andere Fähigkeiten wie z. B. Turm bauen/ Knöpfe zumachen durch Nachahmung und eigenes Ausprobieren erlernt werden. Wir wissen, daß Kinder so sprechen lernen, wie ihre nächste Umgebung spricht. Daher ist es von Wichtigkeit, daß das Kind ein gutes sprachliches Vorbild hat. Je besser das Vorbild ist, desto exakter wird die Nachahmung sein. Wir können von einem Kind keine korrekte Aussprache erwarten, wenn die Menschen seiner Umgebung zu schnell und nachlässig mit ihm sprechen.

Die zwei wichtigsten Merkmale für ein gutes sprachliches Vorbild sind: Als erstes die genaue Aussprache der einzelnen Laute und Wörter. Je genauer die Lautbildung aus dem Zusammenhang des Gesprochenen hervortritt, je weniger also die Artikulation verwischt ist, desto klarer und deutlicher wirkt das sprachliche Vorbild. Zweitens sollten die Eltern mit dem Kind langsam und in kurzen, altersentsprechenden Sätzen sprechen. Schon unser geübtes Ohr hat es schwer, bei zu schnellem Sprechen die einzelnen Sprechlaute zu unterscheiden. Wieviel schwieriger ist es für das Kleinkind, dessen Ohr noch völlig ungeübt ist und dem viele Wörter noch unbekannt sind.

Die nächsten Bezugspersonen des Kindes und damit auch das wichtigste Vorbild sind in der Regel die Eltern. Die Sprache der Eltern hört das Kind zuerst und während der sprachsensiblen

Phase (9.–36. Monat) in der Regel am häufigsten. Das Erlernen der Sprache wird somit von der Eltern-Kind-Beziehung beeinflußt und es ist besonders wichtig, daß die Eltern ein gutes sprachliches Vorbild und verbessernde Rückmeldung geben.

Es sei auf einen Fehler aufmerksam gemacht, der unbedingt vermieden werden muß: Das Kind bemüht sich, das Sprechen der Erwachsenen nachzuahmen und die Silben so getreu wie möglich zu formen. Gerade in dieser Phase ist es wichtig, nicht die Aussprache und Formulierungen des Kindes zu übernehmen, sondern ihm ein gutes sprachliches Vorbild zu bieten, damit es Aussprache und Satzbau vervollkommnen kann. Auch sollte mit dem Kind nicht in der „Babysprache" gesprochen werden, z. B. teita statt spazierengehen; wau-wau statt Hund (vgl. Kap. I, 5, S. 42ff).

Die Umweltbedingungen

Für die Entwicklung der Sprache ist die Umwelt von großer Bedeutung. Ein harmonisches Familienleben ist eine der Voraussetzungen für die gute Sprachentwicklung des Kindes. Das Kind braucht das Gefühl der Geborgenheit und Liebe und guten Kontakt zu den Eltern. In Gesprächen sollten auch die Angelegenheiten des Kindes ernst genommen und besprochen werden. Wir sollten in unseren Beziehungen zum Kind niemals gedankenlos handeln und wissen, daß jede unserer Äußerungen das wache Ohr des Kindes findet. Und bekanntlich wird es gerade das, was es nicht hören sollte, aufnehmen und festhalten. Daher sollte auch nie in Anwesenheit des Kindes mit Dritten über seine Schwächen gesprochen werden.

Die Motorik

Die Organanlage der am Sprechvorgang beteiligten Muskelsysteme ist eine unbedingte Voraussetzung für die Ausbildung der Sprechfähigkeit. Der Säugling übt das Zusammenspiel dieser Muskelgruppen durch das Lallen und die Nahrungsaufnahme (Saugen, Schlucken). Später, im Hör-Sprach-Regelkreis, erfolgt die ständige Korrektur des Bewegungsablaufes, bis das auditive Ergebnis mit dem Vorbild der Umwelt als gleich empfunden wird. Dann wird der Bewegungsablauf als „richtig" gespeichert und im Sprechablauf ohne weitere Aufmerksamkeit eingesetzt.

Neben der Ausbildung der mundmotorischen Geschicklichkeit ist die Entwicklung der Grob- und Feinmotorik von Bedeutung. Auf die Entwicklung der Grob- und Feinmotorik wird in diesem Buch nicht weiter eingegangen.

Die Wahrnehmung (s. Abb. 1, S. 17)

Für das mühelose Sprechen ist die Integration verschiedener Umweltreize und die Anpassung und Veränderung des eigenen Verhaltens erforderlich. Das Kind muß zum Beispiel eine Eigenwahrnehmung für die Lage und den Spannungszustand der Sprechwerkzeuge entwickeln, um die als „richtig" empfundene Stellung für die Lautbildung zu speichern. Es muß feine Unterschiede in der Aussprache des Gegenüber visuell und auditiv erfassen und sich wiederum an das Vorbild anpassen und über das Gehör und die Kinästhetik kontrollieren.

Die Wahrnehmung und Verarbeitung der Umweltreize geschieht in den genannten Bereichen gleichzeitig, sie ist nur schwer zu differenzieren. Ist jedoch ein Bereich gestört, so verzögert sich die gesamte Entwicklung. Die Förderung/Therapie muß zunächst den verzögert entwickelten Wahrnehmungsbereich berücksichtigen, bevor Sprache und Sprechfertigkeit im Mittelpunkt der Therapie stehen können.

4. Die normale Sprachentwicklung

Aufmerksame Eltern werden die Sprachentwicklung ihres Kindes beobachten. Die folgende Beschreibung der Sprachentwicklung für die einzelnen Altersstufen soll den Eltern eine Orientierungsgrundlage bieten, um ungefähr einschätzen zu können, ob die Sprachentwicklung ihres Kindes altersgemäß verläuft. Folgende Angaben sind nur ungefähre Werte; sie sollen eine Orientierungsgrundlage bieten. Die Stadien der Sprachentwicklung lassen sich jedoch nur ungefähr auf bestimmte Zeitpunkte festlegen und können je nach Voraussetzung und äußeren Einflüssen schwanken. Es muß also von Fall zu Fall neu entschieden werden, ob eine Abweichung vom Durchschnittswert als Entwicklungsverzögerung zu betrachten ist. Zur Übersicht haben wir die Entwicklung von Sprachproduktion und Sprachverständnis zusätzlich in einer Tabelle dargestellt (Tab. 1, s. S. 41).

4.1. Das Säuglingsalter

Erstes Lebenshalbjahr

In den ersten Wochen und Monaten ist das Schreien für den Säugling die einzige Möglichkeit, sich der Umwelt bemerkbar zu machen und seine Bedürfnisse zu zeigen. Schon nach kurzer Zeit läßt er sich durch das Aufnehmen und die Stimme ihm vertrauter Bezugspersonen beruhigen.

Bereits ab der 6. Lebenswoche wird die Beweglichkeit der Sprechorgane (Zunge, Lippen, Gaumen, Kiefer) in spielerischer und zunächst absichtsloser Weise trainiert (Lallen). Den Antrieb dazu gibt die motorische Funktionslust bzw. ein Bewegungsdrang, wie er zum Beispiel auch bei gesamtkörperlichen Bewegungen deutlich wird (Strampeln). Das Lallen und Spielen mit Speichel und die Verbindung von beidem bereitet dem Säugling Freude. Auf dem Rücken liegend bildet er z. B. lange Re-Re-Re-Silbenketten mit fast gurgelähnlichen Lauten, sogenannte Lallmonologe.

Schon im zweiten Lebensmonat werden die Lautierungen vielfältiger. Im 4. Lebensmonat juchzen viele Säuglinge laut mit plötzlichem Wechsel der Stimmlage. Die gebildeten Silbenketten werden gegen Ende des 5. Lebensmonats immer rhythmischer. Die in dieser Zeit gebildeten Laute können auch sehr fremdartig klingen und nicht nur Laute aus der jeweiligen Muttersprache beinhalten.

Diese Lallperiode, das Spielen mit der Mundmuskulatur unter Mitwirkung der Stimme, ist ein wichtiger Meilenstein auf dem Weg des Sprechenlernens.

Zweites Lebenshalbjahr

a) Sprachproduktion

Die größte Veränderung im Vergleich zum 1. Lebenshalbjahr besteht darin, daß die Lallsilben jetzt nicht mehr nur aus Freude an der Bewegung gebildet werden, sondern daß der Säugling seinen Lautproduktionen selbst aufmerksam zuhört und ihm angenehme Laute und Silben vermehrt produziert. Neu in dieser Phase ist die Fremdwahrnehmung, d. h. der Säugling hört auf die Laut- und Silbenproduktionen seiner Bezugspersonen und versucht, diese nachzuahmen. So kommt es, daß die Laute der jeweiligen Muttersprache immer ähnlicher werden.

Im 6./7. Lebensmonat treten die rhythmischen Elemente mehr in den Vordergrund. Bedingt durch die auditive Kontrolle werden andere sprachliche Gestaltungsmittel wie Lautstärke und Tonhöhe, Betonung und Pausen wie in einem normalen Gespräch, hinzugenommen. Daher werden diese Äußerungen jetzt auch als

„Plaudern" bezeichnet. In dieser Zeit haben die Kinder besonders Freude am Singen und an Musik.

Gegen Ende des 8. Lebensmonats bildet der Säugling die Laute auch ohne Stimmgebung, d. h. er kann flüstern.

Im 9. und 10. Lebensmonat tauchen Silbenverdoppelungen auf, die zunächst ohne Sinnbezug sind, auch wenn in dieser Phase durchaus Mama, Papa, dada, u. ä. zu hören sind. Neben dem Hören sind das Sehen und Fühlen (visuelle und taktile Wahrnehmung) bei den ersten Sprechversuchen des Kindes mit einbezogen. Es achtet auf das Mienenspiel des Sprechers und sieht auf den Mund, steckt gern seine Finger in den Mund des Sprechers und versucht, die Bewegungsabläufe zu ertasten.

Gegen Ende des 10. Lebensmonats können auch einfache Lautmuster nachgeahmt werden. Durch entsprechende Reaktion der Umwelt werden bestimmte Silben vermehrt wiederholt und schließlich auch mit Sinnbezug gesprochen.

Mit etwa 1 Jahr werden erste einfache Worte gesprochen, die noch nicht richtig artikuliert werden, aber schon einen eindeutigen Sinnbezug haben (z. B. „Tette" für Treppe, „Aauoo" für Hallo), oft benennt das Kind in dieser Zeit einen Gegenstand mit der dazugehörigen Handlung (z. B. „brumm-brumm" für das Fahren des Autos, „wau-wau" für das Bellen des Hundes). Das Kind hat damit den Übergang von der vorsprachlichen Periode (Lallen) in die sprachliche Periode (Sprechen) geschafft.

Zusätzlich werden die Sprechwerkzeuge in dieser Zeit durch das Kauen und die dazu nötigen Lippen-, Zungen- und Kieferbewegungen geübt. Ein entsprechendes Angebot an fester Nahrung in dieser Zeit (z. B. Brotrinde, Möhren, Apfelstücke) ist daher wichtig.

b) Sprachverständnis

Neben dem aktiven Gebrauch der Sprache beginnt etwa im 9. Lebensmonat die Entwicklung des Sprachverständnisses. Zwei Grundvoraussetzungen sind dafür erforderlich:

Das Kind muß sich zunächst im Spiel mit den verschiedensten Gegenständen ausgiebig befaßt haben, sie mit allen Sinnen erfahren und so bereits eine Vorstellung von der Qualität des Gegenstandes gespeichert haben. Darüber hinaus hat es eine Beziehung zu anderen Menschen aufgebaut und hier ebenfalls bestimmte Erfahrungen gemacht und gespeichert.

In den ersten Lebensmonaten kann das Kind sich nur auf eine Sache konzentrieren, spielt es z. B. mit einem Ball und wird dabei angesprochen, so verschiebt sich die Aufmerksamkeit des Kindes vom Gegenstand auf die Person. Entdeckt es dann einen weiteren Gegenstand, kann sich die Aufmerksamkeit auch wieder von der Person leicht auf den Gegenstand verändern. Erst wenn das Kind beides gleichzeitig beachten kann, also den Ball sehen *und* die Person zur gleichen Zeit bemerken, die das Wort „Ball" spricht, kann das Kind den Wortklang mit dem Gegenstand koppeln und nach mehreren solcher parallelen Erfahrungen das Wort abrufbar speichern. Mit der Zeit kann auch das Wort allein alle gespeicherten Erfahrungen zu dem Gegenstand „Ball" hervorrufen, ohne daß der Ball sichtbar sein muß.

Das Kind baut sich jetzt schnell in oben beschriebener Weise einen großen passiven Wortschatz auf, es versteht also immer schon viel mehr Worte als es selbst im Alltag benutzt.

4.2. Das Kleinkindalter (1–3 Jahre)

1 bis 1½ Jahre: Erste Wörter im Einwortsatz

Das Verstehen der zum Kind gesprochenen Worte eilt dem Vermögen, sie selbst aktiv einzusetzen, weit voraus. Durch Mimik, Gestik und entsprechende situative oder sprachliche Reaktionen zeigt das Kind deutlich an, daß es weiß, was zum Beispiel „Spazierengehen" bedeutet. Das ist der passive Wortschatz des Kindes. Neben einzelnen Worten kann das Kind auch schon kurze Aufträge verstehen und umsetzen (z. B. Gib mir den Löffel).

Als aktiven Wortschatz bezeichnen wir die Wörter, die vom Kind im sprachlichen Umgang gebraucht werden. In den ersten Monaten des zweiten Lebensjahres beginnt das Kind seinen aktiven Wortschatz aufzubauen. Viele Wörter werden zwar noch nicht korrekt artikuliert (z. B. Ba = Ball, Mimi = Milch), doch die nächsten Bezugspersonen verstehen den Sinngehalt.

Das charakteristische Merkmal dieser Entwicklungsphase ist der „Einwortsatz". Ein Wort nimmt für das Kind die Aussagekraft eines ganzen Satzes ein.

Beispiele:

Atta	=	Ich möchte spazierengehen
Teddy	=	Wo ist mein Teddy?

Seine Bedeutung erhält der Einwortsatz durch den unterschiedlichen Tonfall, die Modulation der Stimme und begleitende Gestik und Mimik. Mit einem Wort wird alles ausgedrückt was wir Erwachsenen mit einem Satz sagen. Die Eltern hören meist heraus, was das Kind im Augenblick bewegt oder was es möchte. Wichtig ist, daß sie eine sprachliche Rückmeldung geben, um zu zeigen, daß sie den Gedanken des Kindes verstanden haben. Mit dieser Rückmeldung geben sie dem Kind gleichzeitig ein korrektes sprachliches Vorbild.

Beispiele:

Äußerung des Kindes		Eltern
„Muh"	=	„Ja, da steht eine Kuh"
„brumm"	=	„Wo ist das Auto, das brumm macht?"
„Tu?" (Kind zeigt auf seine Füße)	=	„Wo sind deine Schuhe?"

Eine weitere Eigentümlichkeit dieser Entwicklungsphase ist, daß ein Begriff auch für alle ähnlichen Dinge benutzt wird. So wird z. B. das Wort „Auto" für alle anderen Fahrzeuge gebraucht, die vier Räder haben. Es wird damit zunächst auch der Traktor, die

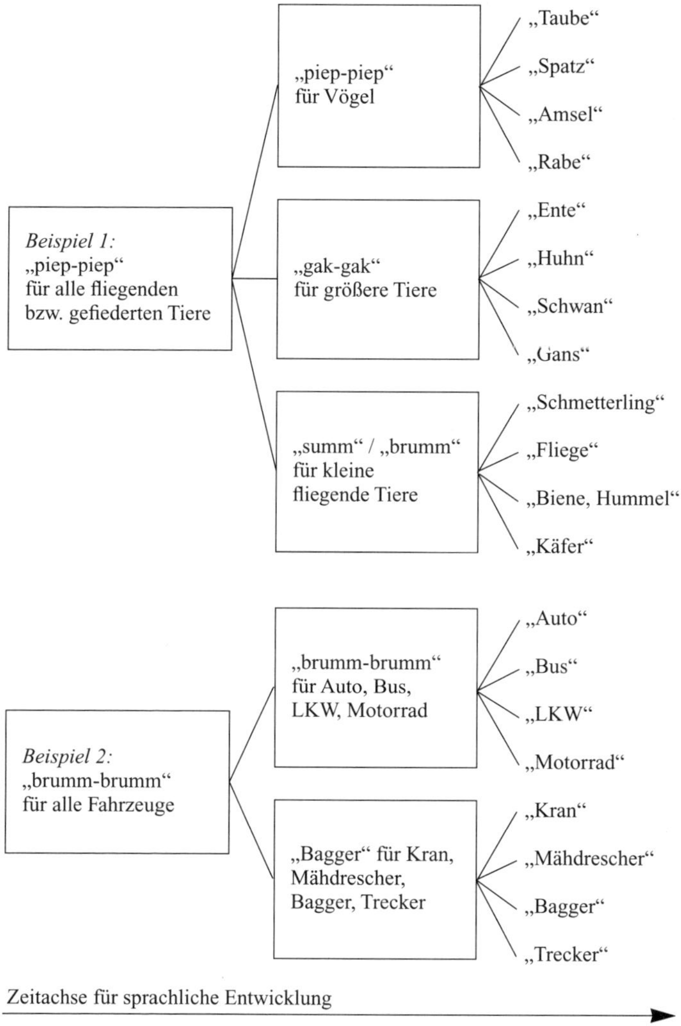

Abb. 2: Differenzierung des Wortschatzes anhand von zwei Beispielen

Straßenbahn oder der Kran benannt. Abbildung 2 (S. 33) zeigt, wie das Kind die Begriffe einer Sachgruppe im Lauf der Sprachentwicklung immer weiter differenziert. Oft haben die Kinder in Wortfeldern, die ihrem Interessengebiet besonders entsprechen (z. B. landwirtschaftliche Geräte/Tiere/Instrumente) einen besonders großen und ausdifferenzierten Wortschatz.

Das Kind erkennt, daß jedes Ding seiner Umwelt einen Namen hat. Das Sprachverständnis hat sich bereits so erweitert, daß man dem Kind kurze Anweisungen geben kann. Es versteht Sätze wie „Hole deine Schuhe", ohne daß begleitende Gestik nötig ist. Mit 1½ Jahren beherrscht das Kind im Durchschnitt 25 Wörter.

1½ bis 2 Jahre: Zwei- und Dreiwortsätze, erstes Fragealter

Mit Erweiterung der Erfahrungswelt des Kindes entwickelt sich gleichzeitig die Sprache. Das Kind beginnt im Zweiwortsatz zu sprechen, etwa „Auto haben" oder „da Auto". Jetzt sagt es uns schon deutlicher, was es will und was es bewegt, obwohl mitunter zu raten ist, was es mit zwei oder drei Wörtern auszudrücken versucht. Im Verlauf der Entwicklung verbessern sich die sprachliche Ausdrucksfähigkeit mit steigender Satzlänge und die Verständlichkeit durch verbesserte Aussprache, so daß das Kind mit der Zeit deutlicher ausdrücken kann, was es möchte.

In dieser Entwicklungsphase liegt auch das erste Fragealter. Das Kind setzt sich verstärkt mit seiner Umgebung auseinander und erfragt dabei die Namen der Dinge, die es sieht: „Was ist das?" – Oft stellt es dieselbe Frage mehrmals, um sich den Begriff auch gut einzuprägen. Es sind zumeist Hauptwörter, die das Kind zum Gegenstand erfragt. Das viele Fragen des Kindes bereichert nicht nur sein Wissen, sondern es werden in dieser Zeit viele neue Wörter und Wortzusammenstellungen erlernt. Am Ende des zweiten Lebensjahres beträgt der Wortschatz bereits etwa 250 Wörter.

2–3 Jahre: Die stürmische Sprachentwicklung

Von Beginn bis Ende des 3. Lebensjahres vollzieht sich nun eine rasche Entwicklung der Sprache. Das Kind beginnt in ungeformten Mehrwortsätzen zu sprechen. Die bisher gebildeten 2- und 3-Wortsätze werden flexibel durch neue Worte erweitert. Allerdings sind diese Mehrwortsätze vom Satzbau her noch sehr fehlerhaft, so daß man oft noch erraten muß, was das Kind erzählen möchte. Man bezeichnet diese Periode als „physiologischen Dysgrammatismus". Auch in dieser Entwicklungsphase ist es wichtig, dem Kind – im Gespräch – seine eben gesprochenen unvollständigen oder verstellten Mehrwortsätze korrekt wiederzugeben, damit es die Möglichkeit hat, seinen Satzbau allmählich zu verändern und zu erweitern (siehe auch Kap. II, 4, S. 75ff).

Beispiel:

Äußerung des Kindes	Äußerung der Eltern
„Laura auch Pinsel hat."	„Ja, Laura hat auch einen Pinsel."
„Wasser nicht da."	„Wasser gibt es noch nicht. Wir holen es gleich."
„Becher da steht."	„Da steht der Becher. Damit holen wir jetzt das Wasser, dann kannst du malen."

In dieser Phase der Sprachentwicklung werden noch viele Laute fehlerhaft gebildet (Stammeln). Unter Stammeln verstehen wir die fehlerhafte Lautbildung, das Weglassen und/oder Auswechseln von schwierigen Lauten.

Das Kind wechselt einen schwer zu sprechenden Laut gern

durch einen anderen Laut aus:	z. B. Tind statt Kind, Tule statt Schule,
läßt Laute aus:	z. B. ahne statt Fahne, dei statt drei
oder bildet Laute fehlerhaft:	z. B. beim Lispeln.

Oft beobachtet man ein Wechseln der Lautfehlbildungen, abhängig von der Länge und dem Schwierigkeitsgrad des Wortes.

In den ersten vier Jahren ist dieses sogenannte „physiologische Stammeln" noch nicht als Störung anzusehen. Mit der weiteren Sprachentwicklung und der zunehmenden Geschicklichkeit der Sprechorgane wird die Lautbildung immer korrekter. Wichtig ist auch hier wieder das gute Sprachvorbild der Eltern bzw. das Anbieten der korrekten Lautbildung als Wort allein oder im Satz (siehe Kap. II, 4, S. 75ff). Mit dem 4. Geburtstag sollten alle Laute, mit Ausnahme von S/Z/SCH korrekt gebildet werden.

Das Kind spricht in diesem Alter viel mit sich selbst. Beschäftigt es sich allein mit seinem Spielzeug, so spielt es nicht nur damit, sondern begleitet sein Spiel auch meist mit Sprache. Es spricht zu seinen Plüschtieren und führt Selbstgespräche mit anderen Spielsachen; es benennt die Bilder im Bilderbuch oder erzählt daraus, was ihm in den Sinn kommt und kann kurzen Bildgeschichten folgen.

Im Spiel zeigen sich die ersten Handlungsfolgen, so wird z. B. die Puppe nicht nur in den Kinderwagen gelegt, sondern vorher auch noch ausgezogen und nachher hin- und hergeschoben. Dem Kind ist es möglich, Vorstellungen aufzubauen und Spielsituationen zu planen. Es spielt unter einem erdachten Thema (z. B. Wir bauen ein Schiff und fahren damit) und kann seine Ideen anderen mitteilen, so daß diese am Spiel teilhaben können. Durch dieses Spiel und das sprachliche Austauschen der Ideen bildet sich das Sprachverständnis weiter aus.

Wie die Überschrift andeutet, macht das Kind in diesem Lebensjahr stürmische sprachliche Fortschritte. Es bildet selbständig Sätze, es stellt Fragen und kann Fragen beantworten, es kann Zusammenhänge auf Bildern beschreiben, und es wird kurze Reime und Lieder auswendig lernen. Anfangs spricht das Kind in der Gegenwartsform. Nach den Hauptwörtern eignet es sich nun auch die anderen Wortarten an. Zuerst spricht es von sich selbst stets in der dritten Person, indem es den eigenen Namen voransetzt. Das ist zu verstehen, weil es mit seinem Namen gerufen wird. Dann aber bezeichnet es sich mit „ich". „Ich" bedeutet, daß es auch als Persönlichkeit wächst und damit seine Willensbezeugungen stärker herausstellt.

In diesem Jahr ist der Wortschatz stark angewachsen. Mit Ende des dritten Jahres verfügt das Kind schon über 800 Wörter im Sprachgebrauch.

Gerade in der Phase der stürmischen Sprachentwicklung kommt es bei vielen Kindern zu Unterbrechungen des Redeflusses (physiologische Sprechunflüssigkeiten). Diese Sprechunflüssigkeiten klingen für den Zuhörer fast wie Stottern, es handelt sich dabei jedoch um Wiederholungen, die bei Kindern im Alter von ca. 2½ bis 5 Jahren als altersgemäß zu betrachten sind.

Das Kind möchte spontan und möglichst unverzüglich Umwelteindrücke, neu Entdecktes oder gerade Erlebtes erzählen. Oft sind dabei die Gedanken schneller als das motorische Geschick seiner Sprechwerkzeuge oder es findet nicht schnell genug die richtigen Worte, so daß es im Erzählfluß zu Silben-, Wort- oder Satzteilwiederholungen kommen kann.

Beispiele:

Vor-vor-vor-gestern habe ich das schon ge-ge-gesehen.
Wo wo wo ist der Bagger.
Ich ich ich komme doch gleich.
Auf dem auf dem Dach steht ein Mann.

Für Eltern/ErzieherInnen ist es oft schwer zu entscheiden, ob es sich um ein beginnendes Stottern oder um physiologische Unflüssigkeiten handelt. Sicher reagieren auch gerade die Eltern besorgt, wenn sie ihr Kind unflüssig sprechen hören und möchten ihm helfen. Abklärung und Beratung durch einen Fachmann/eine Fachfrau ist in jedem Fall sinnvoll. Die Eltern können über ihre Sorgen und Befürchtungen sprechen und bekommen Ratschläge für den Umgang mit dem sprachauffälligen Kind. Einige grundsätzlich zu beachtende Punkte haben wir in dem Kapitel II, 5, S. 80ff dargestellt, auf das wir an dieser Stelle verweisen.

4.3. Das jüngere Vorschulkind (3–5 Jahre)

Mit 3½ bis 4 Jahren setzt das zweite Fragealter ein. Hier steht zunächst die „Warum"-Frage im Vordergrund. Bei der Beschäftigung mit dem Kind oder bei gemeinsamen Unternehmungen wird es unentwegt immer wieder fragen. Das Kind ist jetzt geistig so weit entwickelt, daß es aus seiner Umgebung so viel wie möglich aufnehmen will und sich für logische Zusammenhänge interessiert. Es genügt ihm nicht mehr zu hören, daß der Mann dort drüben ein Schornsteinfeger ist, es möchte auch wissen, warum er schwarz ist. Es hat so viele Dinge um sich, die seine Neugier wecken und die es ergründen möchte. Eltern oder ErzieherInnen sollten sich also bemühen, auch wenn es manchmal in der alltäglichen Betriebsamkeit schwer fällt, die Fragen des Kindes einfach, aber verständlich, also inhaltlich nicht zu kompliziert zu beantworten. Dabei erwirbt es viel neues Wissen und lernt Zusammenhänge zu begreifen.

Die Frageperiode ist eine wichtige Etappe in der geistigen Entwicklung des Kindes. Die Fragen des Kindes sind Kennzeichen für den Entwicklungsstand seines Denkens. Mit der Benutzung aller Fragewörter („wozu?", „weshalb?", „wohin?", „woher?", „wie kommt das?", „wie geht das?" und andere) kann das Fragealter über das 4. Lebensjahr hinaus anhalten. Die lebhaften Fragestellungen nehmen zwar ab, aber das interessierte Kind wird immer wieder zu fragen haben.

Wenn die Eltern die Erziehung ernst nehmen, so werden sie versuchen, die vielen Fragen in kindgemäßer, leicht verständlicher Weise zu beantworten. Indem die Eltern dem Kind antworten, werden sie selbst komplexere Sätze bilden, um dem Kind Zusammenhänge erklären zu können.

Beispiel:

Der Schornsteinfeger ist schwarz, weil...
Du solltest dir jetzt ein T-Shirt überziehen, damit...

Somit wird dem Kind wiederum eine sprachliche Weiterentwicklung für den eigenen Satzbau ermöglicht, da die Eltern das Sprachmodell geben. Das Kind wird angeregt, seinen eigenen Satzbau dem der Eltern anzugleichen und zu erweitern.

In der Vorschulzeit macht die sprachliche Entwicklung weiter große Fortschritte. Das Kind ist nun in der Lage, Fragen der Erwachsenen verständlich und sinngemäß zu beantworten, die Sprache wird immer deutlicher und anschaulicher. Es kann kleine Gespräche führen, wenn sich der Gesprächspartner auf das Kind einstellt. Die Lautbildung ist soweit abgeschlossen. Der Wortschatz vergrößert sich zusehends.

Man erwartet, daß sich das Kind mit ca. 4 Jahren grammatisch richtig ausdrückt. Wenn dies noch nicht immer gelingt, werden Eltern/ErzieherInnen verbessernde Rückmeldung geben (vgl. Kap. II, 4, S. 75ff). Einfache Sätze werden jedoch bereits richtig gegliedert und zusammenhängend gesprochen.

Im Alter von 4 Jahren sollte das Erlernen der Sprache in den Grundzügen abgeschlossen sein. Das Kind beherrscht nun alle Laute und Lautverbindungen. Es kann seine Gedanken, Absichten und Wünsche anderen Menschen mitteilen. Die gesprochenen Sätze sind länger geworden, und es werden Nebensätze gebildet. Das Kind ist in der Lage, eine Kurzgeschichte oder ein kurzes Märchen nachzuerzählen. Es kann an einer Unterhaltung teilnehmen und anderen zuhören. Der Wortschatz vergrößert sich weiterhin.

Auch bei Kindern in diesem Alter können beim spontanen Erzählen physiologische Unflüssigkeiten auftreten. Eine genauere Beschreibung findet sich im Abschnitt „2–3 Jahre: Die stürmische Sprachentwicklung“ und im Kapitel II, 5, S. 80ff.

Tabelle 1: Die Sprachentwicklung – ein Überblick

Alter des Kindes	Sprachverständnis	Sprachproduktion
0–6 Monate		Lallen – aufrechterhalten durch Bewegungsfreude
7–12 Monate		Lallen – aufrechterhalten durch die Freude am Klang
9./10. Lebensmonat	erstes Verständnis für Worte	
1–1½ Jahre	versteht einfache Anweisungen	äußert erste sinnbezogene Worte
1½–2 Jahre		Bildung von 2- und 3-Wort-Sätzen; erstes Fragealter: Was?
2–3 Jahre	kann kurzen Bildgeschichten folgen; versteht Fragen und kann sie beantworten	spricht in ungeformten Mehrwortsätzen; zweites Fragealter: Warum?; benennt sich selbst mit „Ich“
3 Jahre		das Kind wird von Fremden gut verstanden
3–4 Jahre	erfaßt komplexe Zusammenhänge; versteht Geschichten	stellt Fragen zum Erfassen von Gesamtzusammenhängen: Wozu? Weshalb? Wohin? Woher? Wie geht das?
4 Jahre		Lautbildung (Ausnahme Laut /s/) und Satzbau sollten unauffällig sein

5. Die Förderung der Sprachentwicklung

Das Kind erlernt seine Muttersprache nur in einem sozialen Umfeld, in dem gesprochen wird, wobei sich das Lernen ausschließlich in der ständigen Auseinandersetzung mit der Umwelt vollzieht. Zu dieser gehören alle Personen, die mit dem Kind in Beziehung stehen. Sie halten Kontakt mit ihm, geben Anstöße für den Lernprozeß und haben damit Anteil an seiner Sprachentwicklung.

Die folgenden Abschnitte bringen eine Reihe von sprachfördernden Maßnahmen und Möglichkeiten für die verschiedenen Entwicklungsstufen. Eltern oder ErzieherInnen, die sich in der vorgeschlagenen Weise mit dem Kind beschäftigen, fördern seine allgemeine und seine sprachliche Entwicklung. Die Beschäftigung mit dem Kind sollte in spielerischer Weise erfolgen. Die aufgeführten Vorschläge sind nicht als Übungsprogramm zu verstehen. Die Sprechfreude des Kindes und der Spaß an der Kommunikation sollten immer im Vordergrund stehen.

Zu dem Personenkreis, der in enger Beziehung zum Kind steht, gehören die ErzieherInnen. Sie nehmen im Vorschulalter in der Sprachentwicklung des Kindes einen sehr wichtigen Platz ein, und sollten diesem auch gerecht werden. In den Beschäftigungsstunden am Vormittag haben sie viele Möglichkeiten, Sprache und Sprechen in spielerischer Weise zu fördern.

5.1. Das 1. Lebensjahr

Das erste Lebensjahr ist für das Werden des Kindes ein Schlüsseljahr. Vielleicht meinen Sie, in diesem ersten Jahr noch nicht viel zur Sprachentwicklung beitragen zu können; doch weit gefehlt. Zunächst haben Sie es freilich mit dem noch völlig hilflosen Säugling zu tun. Die Eltern nehmen über Berührung und Sprache Kontakt zu ihrem Kind auf. Das Kind wird im Lauf der Zeit auf die Zuwendung der Eltern reagieren. Diese Wechselwirkung ist der Beginn der so ungemein wichtigen Eltern-Kind-Beziehung, die eben auch eine große Bedeutung für das Erlernen der Sprache hat.

Stimmliche Zuwendung

Wir möchten an das Kapitel „Zur Bedeutung der Stimme" anschließen. Das Schreien des Säuglings hat für die Eltern einen Signalwert. Sie forschen nach der Ursache des Schreiens. Dabei sprechen die Eltern mit dem Säugling. Wenden sie sich ihm liebevoll zu und beseitigen die Ursache des Unwohlseins, so wird der Klang ihrer Stimmen beruhigend wirken, das Schreien wird sich verändern oder ganz aufhören. Von diesem Zeitpunkt an, also schon wenige Wochen nach der Geburt, bleiben Eltern und Kind in stimmlichem Kontakt: Der Säugling mit seinem modulierten Schreien, die Eltern mit ihrem warmen Stimmklang.

Die Eltern-Kind-Beziehung ist für die Gesamtentwicklung in den ersten Lebensjahren des Kindes äußerst wichtig. Sie muß schon im Säuglingsalter aufgenommen und gepflegt werden. Zu den Liebkosungen gehört auch die sprachliche Zuwendung. Besonders die Pflege des Säuglings ist eine günstige Gelegenheit, um sich mit dem Kind zu unterhalten. Wenn Sie es wickeln, können Sie z. B. sagen: „So, jetzt bekommst du eine neue Windel. – Jetzt bist du wieder trocken und wirst schön schlafen!". Natürlich versteht das Kind nicht den Sinn der Worte, nimmt aber Tonfall und Klang Ihrer Stimme auf. Das Kind spürt die Zuwendung der Eltern und das Angenommensein. In dieser Zeit entsteht das Urvertrauen.

Erste sprachliche Anregung

In der Periode des Lallens (vgl. Kap. 4.1.) bringt das Kind aus eigenem Antrieb verschiedene Lautfolgen hervor. Jetzt ergibt sich für Sie die erste Möglichkeit, Ihr Kind spielerisch anzuregen und die Sprechfreude sowie die Geschicklichkeit für das Sprechenlernen zu fördern. Etwa vom 6. Lebensmonat an versucht das Kind, Laute, die es hört, nachzuahmen. Diese Fremdnachahmung gelingt vom 9. Lebensmonat an recht gut.

Wenn Sie Ihr Kind bei diesen ersten Sprech- und Plauderversuchen unterstützen wollen, dann sorgen Sie dafür, daß zwischen Ihnen ein guter Blickkontakt gegeben ist und um Sie herum – wenn möglich – ein wenig Ruhe ist. Wichtig ist, daß sich das Kind in guter und stabiler Lage befindet, also z. B. der Kopf gut gestützt wird. Plaudern Sie mit Ihrem Kind so, wie es oben schon für das Wickeln beschrieben wurde, z. B.: Na, was hast du denn? Hast du gut geschlafen? Schau, draußen ist viel Wind.

Nehmen Sie die Lautproduktionen Ihres Kindes auf, wiederholen Sie diese und geben Sie dem Kind so eine Rückmeldung, um es zu weiterer Lautbildung anzuregen. Neben diesem „Sprechspiel“ wird das Kind auch Ihre Zuneigung und ungeteilte Aufmerksamkeit in diesen Augenblicken genießen und so erste positive Erfahrungen mit sprachlicher Kommunikation machen. Versuchen Sie nicht, das Kind dazu zu bringen, von Ihnen vorgesprochene Worte zu wiederholen. Das „Sprechspiel“ fördert zunächst die Freude an der Kommunikation und wirkt darüber hinaus als Anregung für weitere Lautproduktionen.

Neben Lauten und Silben machen auch Spiele wie Lippenflattern, Schnalzen, mit Zunge und Lippen spielen u. ä. dem Kind Spaß. Es schaut gern zu und ertastet mit seinen Fingern Ihren sich bewegenden Mund. Auch vorgesungenen Kinderliedern wird das Kind gerne lauschen.

Die Nahrungsaufnahme spielt für das Trainieren der Sprechmuskulatur ebenfalls eine große Rolle, daher sollte dem Kind gegen Ende des 1. Lebensjahres auch feste Kost angeboten werden. Nicht nur das Zerkleinern der Nahrung durch Bewegung von Lippen, Zunge und Kiefer wird geübt, sondern auch der Mundschluß.

Erste Lieder, Spiele und Reime

Gegen Ende des 1. Lebensjahres beginnt das Kind, Gefallen an Sprachspielen, Liedern und Reimen zu finden, die mit bestimmten Bewegungen verbunden werden und meist einen einprägsamen, einfachen Rhythmus haben. Einige bekannte unter ihnen sind hier aufgeführt.

a) Lieder

Backe, backe Kuchen
der Bäcker hat gerufen!
Wer will guten Kuchen backen,
der muß haben sieben Sachen:
Eier und Schmalz,
Butter und Salz,
Milch und Mehl
Safran macht den Kuchen gehl.

(dabei im Rhythmus in die Hände klatschen, evtl. zunächst die Hände des Kindes führen, jedoch nie gegen den Widerstand des Kindes)

Hopp, hopp, hopp,
Pferdchen lauf Galopp!
Über Stock und über Steine,
aber brich dir nicht die Beine!
Hopp, hopp, hopp,
Pferdchen lauf Galopp!

(dabei das Kind im Rhythmus auf den Knien wippen)

Brr, brr, he,
Steh doch, Pferdchen, steh!
Sollst schon heut noch
weiterspringen,
muß dir nur erst Futter bringen.
Brr, brr, he,
Steh doch, Pferdchen steh!

Hoppe, hoppe Reiter,
wenn er fällt, dann schreit er.
Fällt er in den Graben,
fressen ihn die Raben.
Fällt er in den Sumpf,
dann macht der Reiter plumps.

(das Kind im Rhythmus auf den Knien wippen, es bei „plumps" leicht zur Seite oder nach hinten fallen lassen; dabei jedoch darauf achten, daß der Kopf gut gestützt wird)

Wie das Fähnchen auf dem Turme
sich kann dreh'n bei Wind und
Sturme.
So soll'n sich auch meine
Händchen dreh'n,
das ist lustig anzuseh'n.

(dabei werden die Hände hin und her gedreht.)

b) Reime

Das ist der Daumen,
der schüttelt die Pflaumen,
der liest sie auf,
der bringt sich nach Haus,
und der Kleine ißt sie alle,
alle auf.

(nacheinander alle Finger anfassen und leicht hin- und herbewegen)

In unser'm Häuschen
sind viele Mäuschen.
Sie trippeln und trappeln,
sie zippeln und zappeln,
sie stehlen und naschen,
und will man sie haschen –
dann laufen sie weg.

(das Kind mit den Fingern am Bauch oder an den Armen und Beinen kitzeln, bei „weg" schnell beide Hände hinter dem Rücken verstecken.)

Natürlich wird das Kind die Lieder/Reime erst nach mehrfacher Wiederholung (muß nicht immer direkt hintereinander sein) wiedererkennen. Dann aber wird es selbst die Bewegung (z. B. Klatschen) nachahmen bzw. mitmachen oder am Ende eines Liedes das „Kitzeln" oder den „plumps" erwarten und sich sichtlich darauf freuen. In einer solchen Spielsituation hat das Kind Spaß an Spiel und Rhythmus, genießt die ungeteilte Zuwendung der Eltern sowie den Körperkontakt.

Neben den oben erwähnten Liedern/Reimen reagiert das Kind in dieser Zeit auch gerne auf Lautmalereien, die es mit bestimmten Bewegungen begleitet. Wir möchten betonen, daß es nur darum geht, dem Kind Sprache anzubieten, nicht aber von ihm zu fordern. Dafür gilt das gleiche Prinzip wie vorher, d. h. die Eltern bieten Sprache und Bewegung an.

Beispiele:

winke-winke	Hand- oder Armbewegung
bum-bum	Hammerbewegung mit der Faust
nein-nein	Schütteln des Kopfes
so groß	Arme werden nach oben gestreckt
mmh, das schmeckt	Reiben oder leichtes Klopfen des Bauches

5.2. Das 2. und 3. Lebensjahr

Kinderlieder

Einfache Kinderlieder sind in ihrer Länge der Aufmerksamkeitsspanne des Kindes angepaßt. Sie haben einen einfachen, gleichbleibenden Rhythmus, der das Mitklatschen oder Mitbewegen erleichtert. Der Tonumfang dieser Lieder entspricht meist der kindlichen Stimmentwicklung. Wiederum werden nur einige bekannte Lieder hier aufgeführt.

Alle Leut', alle Leut',
geh'n jetzt nach Haus'.
Große Leut', kleine Leut',
dicke Leut', dünne Leut',
Alle Leut', alle Leut'.
geh'n jetzt nach Haus.

Sagen Auf Wiederseh'n,
heut war es ja so schön.
Alle Leut', alle Leut',
geh'n jetzt nach Haus.

(zuerst im Rhythmus
mitklatschen, dann die Arme
passend zum Text
nach oben/unten strecken,
einen dicken/dünnen Bauch
zeigen, wieder klatschen,
winken,
und wieder klatschen)

Ich bin die kleine Hexe
und trage *rote* Schuh'.
Ich reit' auf einem Besen
und sing ein Lied dazu.
Hei hopp-hopp-hopp,
hei hopp-hopp-hopp …

(Ein Kind hüpft auf einem Besen,
im Text wird jeweils
die Farbe der Schuhe,
passend zum Kind, geändert.)

Zeigt her eure Füße,
zeigt her eure Schuh'
und sehet den fleißigen
Kindern zu:
Sie *winken,* sie winken,
sie winken den ganzen
Tag …

(Die verschiedenen
Tätigkeiten werden im Text
ausgetauscht und dann
mitgemacht, z. B. hüpfen,
klatschen, stampfen u. a.)

Kinderreime

Nicht nur der Gesang, auch unser Sprechen wird von einer Melodie getragen: der Sprechmelodie. Sie ist in einen Rhythmus eingebettet. Der Rhythmus ist ein wichtiges Element der Sprache. Je ausgeprägter die Betonung ist, desto ausdrucksstärker und schwungvoller wirkt der Sprechablauf.

Ein starker Sprechrhythmus liegt in Reimen und Versen für Kinder. Der Reim sichert eine gleichbleibende Betonungskurve innerhalb der Sprechmelodie und erleichtert das Einhalten von Sprechtempo und Pausen.

Den Gleichklang der Sprache, der in den Kinderreimen liegt, nimmt schon das kleine Kind freudig auf. Das Versesprechen kann mit einem rhythmischen Klatschen begleitet werden. Dabei sollten die Eltern immer vor- bzw. mitsprechen und mitklatschen. Das Kind wird die Bewegung und einzelne Worte des Reimes im Lauf der Zeit nachahmen, dies sollte von den Eltern jedoch nicht gefordert werden.

Beispiele:

Der Papagei, der Papagei,
der macht ein fürchterlich Geschrei:
Den Schnabel auf, den Schnabel zu.
Sag' mein Freund, wie heißt denn du?
Kakadu, Kakadu!

(Die Bewegung des Schnabels machen, indem die Arme auf- und zugeklappt werden.)

Mein Häuschen ist nicht gerade –
wie schade!
Mein Häuschen ist ein bißchen krumm –
wie dumm!
Und bläst ein starker Wind hinein,
fällt das ganze Häuschen ein.

(Die flachen Hände mit den Fingerspitzen als Dach aneinanderlegen, erst gerade, dann krumm. Pusten, wenn der Wind kommt und die Hände hinter dem Rücken verstecken.)

Seht mal Kinder, seht mal an, wie die Fliege fliegen kann. Rundherum, dann in die Höh', doch da kommt der Frosch, oh weh! Quak, Quak, quak und 1, 2, 3, mit der Fliege ist's vorbei.	(Mit der Hand die Bewegungen ausführen, bei „vorbei“ mit der Hand schnappen oder 1× kräftig in die Hände klatschen.)

Bilderbücher

Bevor das Kind Abbildungen erkennt und diese benennen kann, muß es die Möglichkeit gehabt haben, Gegenstände, ihre Funktion und Beschaffenheit mit allen Sinnen zu erfahren. Auf diese Weise lernt es unterschiedliche Merkmale, Funktionen und Qualitäten kennen.

z. B.	Milch:	sehen und schmecken
	Glocke:	sehen und hören
	Ball:	fühlen, sehen, verschiedene Funktionen ausprobieren (rollen, werfen)
	Baustein:	tasten, sehen, damit bauen

Bilderbücher sind gute Helfer in der Zeit der Sprachentwicklung. Wir können das Kind schon frühzeitig damit vertraut machen. Es sollten aber bunte Bilder sein, die die Aufmerksamkeit des Kindes auf sich ziehen. Die Bilderbücher, die Sie dem Kind in die Hand geben, müssen klare und eindeutige Abbildungen enthalten, möglichst Dinge aus seiner Umgebung und möglichst wenig Gegenstände auf einem Bild zeigen. Zu viele Einzelheiten würden das Erkennen erschweren. Die ersten Bilderbücher sollten aus reißfestem Karton sein. Das Kind benutzt sie auch als Spielzeug, indem es die Seiten mit Wonne auf- und zuklappt. Allmählich können die Abbildungen komplexer werden, das Kind erfaßt auch einzelne, kurze Bildgeschichten.

Zunächst geht es bei der gemeinsamen Bildbetrachtung um das Erkennen und Benennen von einzelnen Bildern, später auch um das Darstellen von Zusammenhängen. In der Regel entwickelt sich ein Gespräch zwischen dem Erwachsenen und dem Kind, bei dem Anregung und Sprachvorbild durch den Erwachsenen gegeben werden.

Das Kind sollte Zeit haben zum Suchen und Betrachten der einzelnen Bilder. Die Aufmerksamkeitsspanne und Ausdauer sind in diesem Alter noch kurz, das Kind sollte also immer das Ende einer solchen Beschäftigung bestimmen können.

Feinmotorik

Die allgemeine Geschicklichkeit des Muskelsystems für die Feinmotorik beeinträchtigt auch die Geschicklichkeit der Sprechmuskulatur. Eine besonders enge Beziehung besteht zwischen Handgeschicklichkeit und Sprechgeschicklichkeit. Daher ist es wichtig, dem Kind entsprechendes Material anzubieten, um das Handgeschick zu fördern. Je nach Neigung des Kindes wird es bestimmte Materialien bevorzugen.

Materialbeispiele: Bausteine, Puzzle, Schere, Stifte verschiedener Stärke, Papier/Pappe, Klebestift, Knete, Knöpfe, Perlen sowie Schnur mit verdicktem Ende, Steckbretter

Ziel der Beschäftigung ist das Ausprobieren verschiedener Materialien, um Sinneserfahrungen zu sammeln und eigene Fähigkeiten kennenzulernen und zu erweitern. Es geht nicht darum, „schöne“ oder „vorzeigbare“ Ergebnisse zu haben.

Neben der Feinmotorik kann auch die Mundmotorik spielerisch gefördert werden.

Spielideen: Seifenblasen, Kerzen ausblasen, Kinderblasinstrumente wie Mundharmonika, Pfeifen u. ä., mit der Zunge schnalzen, mit dem Strohhalm trinken

5.3. Das 4.–6. Lebensjahr

Es sei erinnert, daß die Sprache das wichtigste Ausdrucksmittel in der menschlichen Begegnung ist. Daraus folgt, daß Sprache an Kontaktbereitschaft und Kontaktfähigkeit gebunden ist. Dabei steht die Eltern-Kind-Beziehung an erster Stelle.

Dieser so äußerst wichtige Kontakt, die Bindung des Kindes an die Eltern und umgekehrt, wird mühelos gewonnen, wenn Sie sich in vielfältiger Weise mit Ihrem Kind beschäftigen. Das Kind hat bei einem Gespräch in der Familie die Möglichkeit, eigene Erlebnisse zu erzählen, von anderen zu erfahren und Fragen zu stellen. Auch die Eltern sollten von sich berichten und das Kind in die Familiengeschehnisse einbeziehen. Man wird immer wieder erstaunt sein, wie gut man sich schon mit einem 5 bis 6jährigen Kind unterhalten kann. Eine solche Unterhaltung erfordert indes nicht nur vertrauliches Mitteilen, sondern auch anteilnehmendes Zuhören.

Lieder

Das Lied führt das Kind an Klang, Melodie und Rhythmus heran und verbessert Aufmerksamkeit und Konzentration. Da der Text eines Liedes auswendig gekonnt werden muß, wird auch die Merkfähigkeit trainiert. Nicht umsonst nimmt das Lied eine so große Bedeutung in der Kindergartenarbeit ein. Die Ausbildung des melodisch-rhythmischen Gefühls, unterstützt durch gesamtkörperliche Bewegungen (Tanz), wird auch die Betonung beim Sprechen beeinflussen. Das Singen bringt auch eine vertiefte und geregelte Atmung und fördert die Entwicklung einer gesunden Stimme.

Für das Kind bedeutet ein Lied mit einer einfachen Melodie und rhythmischen Bewegungsimpulsen mehr als ein lustbetontes Spiel. Das gemeinsam gesungene Lied fördert das Gemeinschaftsgefühl in der Familie oder in der Kindergartengruppe.

Nicht jedes Kind wird sich die Melodie schnell einprägen können, daher ist es wichtig, die Lieder öfter und immer wieder gemeinsam zu singen. Dabei unterstützen Text und Bewegung den Lernprozeß. Sprechen Sie nicht abfällig, wenn Ihnen die Melodie nicht sehr gelungen erscheint, sondern loben Sie trotzdem. Sie sollen ja das Kind ermutigen und ihm die Freude am Singen erhalten.

Beispiele:

Ich bin ein Musikante und komm aus Schwabenland.
Ich kann blasen – auf der Trompete –
tä tä tärä …
Ich kann spielen – auf der Geige –
sim sim serim …
Ich kann schlagen – auf der Trommel –
bum bum burum …
Ich kann spielen – auf der Flöte –
tü tü türü …

(dabei die verschiedenen Instrumente darstellen)

Alle meine Fingerlein wollen einmal Tiere sein.
Dieser Daumen, dick und rund, ist ein großer Schäferhund.
Zeigefinger ist ein stolzes Pferd, ist wohl tausend Taler wert.
Mittelfinger ist die bunte Kuh, die macht immer: muh, muh, muh.
Ringfinger ist der Ziegenbock, mit dem langen Zottelrock,
und das kleine Fingerlein, soll ein kleines Lämmlein sein.
Tierlein laufen hopp, hopp, hopp, laufen schnell – im Galopp,
laufen in den Stall hinein, denn es wird bald Abend sein.

Reime

Auch für Kinder im Kindergarten-Alter haben Reime ihren Reiz noch nicht verloren. Neben dem spielerischen Umgang mit den Worten erweitern die Kinder ihren Wortschatz, verlängern ihre Merkfähigkeit und bekommen immer wieder sprachliches Vorbild für korrekte Artikulation. Oft werden die Reime, bzw. die Geschichten, die in den Reimen erzählt werden, durch bestimmte Bewegungen unterstützt. Diese helfen den Kindern wiederum, den Sinn zu erfassen. Die Wortspielereien in den Reimen regen außerdem die Kinder an, selbst mit Sprache zu experimentieren.

Beispiele:

Morgens früh um sechs
kommt die kleine Hex'.
Morgens früh um sieben
schabt sie gelbe Rüben.
Morgens früh um acht wird Kaffee gemacht.
Morgens früh um neun geht sie in die Scheun'.
Morgens früh um zehn holt sie Holz und Spän.
Feuert an um elf,
kocht dann bis um zwölf.

Der sagt: wenn es regnet, werde ich naß.
Der sagt: wenn es regnet, dann machts
keinen Spaß.
Der sagt: wenn es regnet, dann geh ich
nicht aus.
Der sagt: wenn es regnet, dann bleib ich
zu Haus.
Nur der Kleine, der konnte nicht warten
und ging mit dem Schirm in den
Kindergarten.

(nacheinander
alle Finger
umlegen,
bis auf den
Kleinsten)

Bilderbücher/Fernsehen

Das Bilderbuch stellt in Situationsbildern, in Handlungsabläufen oder in Bildgeschichten einen Ausschnitt der Umwelt des Kindes dar. Es hilft ihm, durch das Bild die Umwelt zu erfassen und Hintergründe zu erfahren. Durch die Art der Darstellung, häufig unterstützt durch Texte, wird das Kind dazu angeregt, sich mit dem Inhalt auseinanderzusetzen. Das Bilderbuch veranlaßt das Kind, sich in die aufgezeigten Vorgänge zu vertiefen, genau zu beobachten, Einzelheiten zu erkennen, Bilder miteinander zu vergleichen und Unterschiede herauszufinden. Bilder sind also sehr dazu geeignet, die Wahrnehmung zu fördern, Denkprozesse in Gang zu setzen und das Gedächtnis zu schulen. Für uns ist es wichtig, zu wissen, daß Bilder das Kind geradezu herausfordern, sich sprachlich zu äußern.

Im Gegensatz zum Fernsehen, bei dem die schnelle Abfolge und Informationsflut vom Kind kaum erfaßt und gespeichert werden können, kann es sich die Szenen im Bilderbuch ansehen, so lange und so oft es will. Fernsehsendungen, die in ihrer Länge, ihrem Informationsgehalt und ihrer Aufmachung dem Alter des Vorschulkindes angepaßt sind, eignen sich durchaus, Kindern Wissen über ihre Umwelt zu vermitteln. Es ist sinnvoll, daß die Eltern die Sendung mit dem Kind gemeinsam sehen oder den Inhalt der Sendung kennen, damit ein Gespräch über den Inhalt möglich ist. Das Fernsehen kann jedoch nie das eigene Erleben, Gespräche oder Bilderbücher ersetzen. Beim Bilderbuch kann das Kind selbst bestimmen, wann es weiterblättern möchte, und es wird bei mehrfachem Anschauen immer wieder etwas Neues entdecken. Das Erlebnis bleibt nicht einmalig. Kinder, die schon früh mit Bilderbüchern umzugehen lernen, werden beim Betrachten ihrer Umwelt und dem aktiven Gebrauch ihrer Sprache unterstützt.

Mit Kindern in diesem Alter kann sich bei der gemeinsamen Bildbetrachtung ein Gespräch entwickeln. Dabei sollten die Eltern das Kind jedoch nie drängen, eine Antwort zu geben. Im Vordergrund steht auch hier der Spaß an der gemeinsamen Beschäftigung. Die Eltern können das Gespräch in Gang bringen, indem sie

- selber Dinge aus dem Buch beschreiben,
- das Kind fragen: „Was siehst du?“

- nach Eigenschaften/Besonderheiten der Dinge fragen: „Wie sieht das aus?“
- nach Zusammenhängen fragen: „Was ist auf dem Bild los?“
- die Phantasie des Kindes anregen: „Was könnte passieren?“
- das Kind zum Nacherzählen anregen bzw. mit ihm gemeinsam das Gesehene im Zusammenhang nacherzählen.

Oft fordern Kinder, ein bestimmtes Bilderbuch immer wieder vorzulesen, bis sie schließlich die Texte auswendig können und nun selber „vorlesen“. Dabei lernt das Kind ganz nebenher die richtigen Wortformen und die richtige grammatische Wortfolge im Satz. Es ist wichtig, altersentsprechende Bilderbücher zu wählen, deren Inhalt die Kinder verfolgen und verstehen können, da erst dann Sprache und innere Bilder lebendig werden.

Solche Wiederholungen beim Betrachten und Vorlesen kommen der Neigung und dem Bedürfnis des Kindes entgegen. Sie erfreuen sich immer wieder an gleichen Geschichten und bitten, z. B. eine CD/Cassette wieder und wieder hören zu dürfen. Gerade dadurch prägen sich die Satzformulierungen besser ein.

Natürlich kann ein Bilderbuch nie die Erfahrungen vermitteln, die das Kind in der direkten Auseinandersetzung mit seiner Umwelt macht (z. B. Spaziergänge, Ausflüge zum Bauernhof etc.). Es kann viele Erfahrungen in unterschiedlichen Bereichen und mit allen Sinnen machen, die sich ihm allmählich einprägen und die das Bild seiner Umwelt erweitern.

5.4. Die Sprachförderung im Spiel

Als Spiel bezeichnen wir Erwachsenen fast alle Tätigkeiten des Kindes. Für das Kind bedeutet zu spielen, sich aktiv mit seiner Umwelt auseinanderzusetzen, egal ob es sich mit Alltagsgegenständen, Spielmaterial oder anderen Dingen wie Sand, Wasser, Steinen etc. beschäftigt. Erst durch eigenes Hantieren mit den Gegenständen erfährt es etwas über ihre Beschaffenheit und Funktion. Durch das Spiel „übt“ das Kind viele Fertigkeiten: Es wird sicherer in seinen Körperbewegungen, geschickter in der Feinmotorik, trainiert seine Konzentrationsfähigkeit, entwickelt Phantasie, erweitert seinen Wortschatz und lernt, genauer wahrzunehmen, d. h. ähnliche Dinge voneinander zu unterscheiden, Formen bzw. Farben zuzuordnen etc. Das Spiel, allein oder auch gemeinsam, ist für das Kind also eine wichtige Tätigkeit. Es ist für seine allgemeine und auch seine sprachliche Entwicklung von besonderer Bedeutung und sollte daher nicht unnötig gestört oder unterbrochen werden.

Ab dem Alter von 3 Jahren entwickeln sich im Spiel Handlungsfolgen, die mehr und mehr auch sprachlich begleitet werden. Eigene Vorstellungen werden mit anderen Kindern ausgetauscht und das Spiel wird gemeinsam gestaltet. Im Symbolspiel werden Handlungen und Situationen nachgespielt, so daß sich das Kind auch im Umgang mit anderen Personen „übt", es werden u. a. Konfliktsituationen nachgespielt und verschiedene Lösungen ausprobiert. Gerade im Symbolspiel schaffen sich die Kinder manchmal ihre „eigene Welt" und orientieren sich nicht an der Realität.

Für das freie Spiel können Sie dem Kind verschiedene Materialien zur Verfügung stellen, wie Sand, Steine, Muscheln, Wasser, Gras, Ton, kleine Holzstücke, Laub, Kastanien, Pappe, Papier, Klebstoff, Tücher, Fingerfarbe u. a.

Neben dem freien, ungelenkten Spiel gibt es eine Vielzahl von Regelspielen, die verschiedene Fähigkeiten des Kindes ansprechen bzw. fördern. Spielen bedeutet Kommunikation, d. h. beim gemeinsamen Spielen findet durch den sprachlichen Austausch auch Sprachanregung statt.

Gesichtspunkte, nach denen Eltern Regelspiele für ihre Kinder auswählen können, sind folgende:

- Was macht Eltern und Kindern Spaß (Würfelspiele, Kartenspiele, Geduldsspiele etc.)?
- Mit welchem Material kann das Kind umgehen (Papier, Pappe, Holz)?

- Wie ist die Spielidee (Gewinnen alle gemeinsam oder gibt es Gewinner/Verlierer)?
- Wie lange dauert das Spiel (Ausdauer des jüngsten Teilnehmers berücksichtigen)?
- Auf welchem Entwicklungsstand ist das Kind (kann es mit einem 6-er-Würfel umgehen, kann es mehrere Karten in der Hand halten)?
- Welche besonderen Ziele/Bereiche verfolgen Sie mit dem Spiel?

  z. B.
  - Farben
  - Formen
  - Mengen
  - Buchstaben/Zahlen
  - Merkfähigkeit
  - Wahrnehmung
  - Feinmotorik
  - Konzentration

Spiele zu den o. g. Bereichen finden Sie in öffentlichen Büchereien, auf Kinder-Flohmärkten oder im Fachhandel. Schauen Sie sich die Spiele an bzw. lassen Sie sich beraten.

5.5. Die Sprachförderung im Kindergarten

Für die Arbeit im Kindergarten gelten die gleichen Prinzipien der Sprachförderung und -anregung, wie sie hier beschrieben werden. Allerdings finden im Kindergartenalltag mehr Gespräche der Kinder untereinander bzw. im gemeinsamen „Stuhlkreis" statt. Das Spiel mit gleichaltrigen Kindern in einer Gruppe hat in der Regel einen positiven Einfluß auf die Sprachentwicklung, da die Kinder voneinander lernen (Wortwahl, Satzbau) und jedes Kind merkt, daß auch die anderen Kinder beim Erzählen überlegen müssen oder nach Worten suchen.

Im Kindergarten werden zudem viele Reime, Lieder und

Spiele an das Kind herangetragen. Viele Bewegungsspiele machen in der Gruppe mehr Spaß. Auch das Angebot an Spielen zur Förderung der Grob- und Feinmotorik ist im Kindergarten größer, als es dem Kind zu Hause angeboten werden kann.

Gezielte sprachliche Förderung sollte auch hier nur in Absprache mit den behandelnden bzw. beratenden LogopädInnen/SprachtherapeutInnen erfolgen.

Teil II
Die gestörte Sprachentwicklung

Vielfach stehen die Eltern der Sprachstörung ihres Kindes ratlos gegenüber; sie möchten ihm helfen, wissen aber nicht, wie.

Sind die Eltern unsicher, ob sich ihr Kind altersgerecht entwickelt, ist es in jedem Fall richtig, sich Beratung und ggf. Hilfe zu suchen. Die evtl. notwendige Förderung wird sonst versäumt.

Das sprachauffällige Kind braucht frühzeitige Hilfe, da Förderungsmaßnahmen zu einem frühen Zeitpunkt die größten Erfolgsaussichten haben. Die Eltern sollten sich zunächst an ihren Kinder- oder Hals-, Nasen-, Ohrenarzt wenden, der wiederum an LogopädInnen/SprachtherapeutInnen überweist. Nach einer ausführlichen Diagnostik wird entschieden, welche Art der Förderung für das Kind sinnvoll ist. Diese ist immer abhängig von Art und Schweregrad der Sprachstörung bzw. der allgemeinen Entwicklungsverzögerung. Möglichkeiten wären:

- regelmäßige (Sprach-)Therapie
- einmalige Elternberatung zum Sprachmodellverhalten
- Termine zur Elternberatung in größeren Abständen
- Vorstellung des Kindes in Intervallen (alle 3 Monate, alle 6 Monate), um ggf. Förderung einzuleiten
- Einleitung von anderen Maßnahmen (z. B. Krankengymnastik, Psychomotorik, Heilpädagogik, Frühförderung, Beschäftigungstherapie)

Um Verzögerungen und Auffälligkeiten rechtzeitig zu bemerken, ist es wichtig, die Phasen der normalen Sprachentwicklung zu kennen (s. S. 28–41).

Erste Anzeichen einer verzögert verlaufenden Sprachentwicklung können sein:

- wenig Lallen im 1. Lebensjahr
- spätes Sprechen erster sinnbezogener Wörter
- verspätete Bildung von 2-Wort-Sätzen
- kein Verständnis für Worte bzw. Aufträge ohne unterstützende Gestik/Mimik und ohne situativen Zusammenhang
- keine längeren Satzkonstruktionen im Alter von 3 Jahren

- für Fremde unverständliche Aussprache im Alter von 3 Jahren
- verspätete allgemeine motorische Entwicklung
- ungeschickte Feinmotorik
- allgemeine motorische Unruhe

Man legt heute mehr denn je Gewicht auf die Früherfassung und Frühbehandlung sprachauffälliger Vorschulkinder. Je früher eine Störung erkannt wird, desto eher kann mit entsprechenden Maßnahmen gefördert werden. Die Sprachauffälligkeit eines Kindes wird leider noch zu oft erst zum Zeitpunkt der Schulreifeuntersuchung erkannt. Dann ist es meist schon reichlich spät, um die verzögerte Entwicklung oder ein beginnendes Stottern noch bis zur Einschulung positiv zu beeinflussen. Die Eltern sollten sich also mit einem sprachauffälligen Kind schon im Kindergartenalter und nicht erst kurz vor dem Einschulungstermin zu einer LogopädIn/SprachtherapeutIn gehen. Der Vorzug einer Frühbehandlung besteht auch darin, möglichen Folgeerscheinungen einer Sprachauffälligkeit vorzubeugen.

Störungen der Sprache, des Sprechens und der Stimme können sein:

- Störung in der Lautbildung und Lautgliederung (Stammeln)
- Störung der Satzbildung (Dysgrammatismus)
- verzögerte Sprachentwicklung mit eingeschränktem Sprachverständnis, Stammeln, Dysgrammatismus und eingeschränktem Wortschatz
- Redeflußstörungen (Stottern, Poltern):
  a) Stottern: Unterbrechungen des Redeflußes durch Laut-, Silben-, Wort- und Satzteilwiederholungen, Pausen und Lautdehnungen
  b) Poltern: überhastetes, schnelles Sprechen mit nur wenigen Pausen, undeutliche Aussprache und ungeordnete Erzählweise in bezug auf den Inhalt.
- Stimmstörungen: auffälliger Stimmklang (z. B. Heiserkeit) bedingt durch funktionelle oder organische Ursachen

– Näseln:

a) geschlossenes Näseln: bei den Nasalen (m, n, ng) entweicht die Luft nicht wie im Regelfall durch die Nase, sondern durch den Mund ("Stockschnupfensprache"); oft mit Störung des Stimmklanges

b) offenes Näseln: bei allen Lauten entweicht zu viel Luft durch die Nase anstatt durch den Mund, so daß Lautbildung und Stimmklang auffällig sind.

– myofunktionelle Störungen: Störungen des muskulären Gleichgewichts der am Schluck- und Sprechvorgang beteiligten Muskeln mit Beeinträchtigung der Zahnstellung und oft auch der Lautbildung.

1. Das Stammeln

Unter Stammeln versteht man eine Störung der Aussprache, die die Lautbildung (Artikulation) betrifft. Stammeln ist also die Unfähigkeit, bestimmte Laute oder Lautverbindungen zu bilden oder sie an der entsprechenden Stelle im Wort bzw. Satz einzusetzen.

Aussprachefehler in den ersten 4 Jahren werden als „physiologisches Stammeln“ bezeichnet und bedürfen in dieser Zeit keiner Behandlung. Gegen Ende seines 4. Lebensjahres sollte das Kind alle Laute und Lautverbindungen korrekt sprechen und einsetzen können. Eine Ausnahme bildet das /S/, das oft noch bis über den Zahnwechsel der Schneidezähne hinaus falsch gebildet wird.

Das Stammeln wird eingeteilt in:

- leichtes (partielles) Stammeln, d. h. nur 1–2 Laute werden fehlgebildet, für Fremde bleibt die Sprache des Kindes trotzdem noch gut verständlich. Beispiel: Schotolade / Luftallon
- mittleres (multiples) Stammeln, d. h. mehrere Laute/Lautverbindungen werden fehlgebildet, für Fremde ist die Sprache des Kindes schwer verständlich. Beispiel: Sotolate / Luttagon
- schweres (universelles) Stammeln, d. h. fast alle Laute/Lautverbindungen sind betroffen, die Sprache ist nicht verständlich. Beispiel: Sodonane / Uttanon
- Vokalsprache, d. h. das Kind spricht völlig ohne Konsonanten und benutzt nur Vokale. Beispiel: ooae / uaou

Folgende Fehlerarten können auftreten:

- Ein Laut kann noch nicht gesprochen werden und wird ausgelassen. Beispiel: für Vogel – Ogel.
- Ein Laut, der noch nicht gesprochen werden kann, wird durch einen anderen ersetzt. Beispiel: Für Vogel – Sogel, für Kuckuck – Tuttut.
- Lautverbindungen können noch nicht gebildet werden, es wird der zweite Konsonant weggelassen. Beispiel: Für trinken – tinken, für Brille – Bille.
- Die Laute werden falsch gebildet, d. h. die Stellung von Zunge, Lippen und Kiefer entspricht nicht der korrekten Artikulationsstellung.
  Beispiel: Lispeln, bei der Bildung der Laute S/Z schiebt sich die Zungenspitze zwischen den Zahnreihen nach vorne.

Ursachen von Stammeln können sein:

- Hörstörungen
  Bei eingeschränktem Hörvermögen kann das Kind, je nach Schweregrad der Hörstörung, z. B. bei hochgradiger Schwerhörigkeit, die Laute nur über das Mundbild nachahmen oder bei einer leichten Einschränkung des Hörvermögens ähnlich klingende Laute nicht voneinander unterscheiden.
- Unterscheidungsschwäche für ähnlich klingende Laute bei intaktem Hörvermögen („phonematische Differenzierungsschwäche“). Beispiele: K̲anne – T̲anne, Nag̲el – Nad̲el)
- Gaumenspalten, Kieferanomalien, fehlerhafte Zahnstellung
- verkürztes Zungenbändchen (selten für das Sprechenlernen hinderlich)
- eingeschränkte Mundmotorik
- schlechtes sprachliches Vorbild
- mangelnde sprachliche Anregung
- familiäre Sprachanlageschwäche
- psychische Störung (Klein-bleiben-Wollen)
- allgemeine Sprachentwicklungsverzögerung

Ziel der Behandlung

Bis zur Einschulung sollten alle Laute, auch in der Spontansprache, korrekt gebildet werden. Eine Ausnahme bildet das /S/. Da sich die Kinder z. Zt. der Einschulung in der Regel im Zahnwechsel befinden, ist eine korrekte Aussprache des Lautes /S/ meist nicht möglich.

2. Der Dysgrammatismus

Unter Dysgrammatismus versteht man die Unfähigkeit des Kindes, seine Gedanken, Wünsche und allgemeinen Mitteilungen in der gebräuchlichen grammatikalischen Satzform zum Ausdruck zu bringen, so daß der Inhalt oft, bedingt durch die fehlerhafte Form, vom Gesprächspartner nicht verstanden wird.

Im Verlauf seiner Sprachentwicklung durchläuft jedes Kind eine Periode des „physiologischen Dysgrammatismus“, der in dieser Zeit nicht behandlungsbedürftig ist. Im Alter von 4 Jahren sollte das Kind jedoch in grammatisch richtiger Form sprechen können. Bis in die Schulzeit hinein werden noch komplexe grammatikalische Konstruktionen gelernt (Nebensatzkonstruktionen, Passiv).

In der Mehrzahl der Fälle tritt der Dysgrammatismus nicht isoliert, sondern als Teilsymptom einer Sprachentwicklungsverzögerung auf.

Das Kind kann Fehler machen z. B. bei

- der Wortbeugung: „Ich möchte der Apfel essen.“ – „Der Junge ist hingefallt.“
- der Wortstellung: „Das Eis ich möchte essen.“
- der Artikelwahl: „Die Ball ist grün.“ – „Der Flasche ist leer.“
- der Mehrzahlbildung: Esels, Apfeln

Der Dysgrammatismus wird eingeteilt in:

- schwerste Stufe (Agrammatismus): Das Kind beschränkt sich auf den 1-Wort-Satz, der erst durch Mienenspiel, Tonfall und Gestik verständlich wird.

- mittlere Stufe: Das Kind spricht in ungeordneten Mehrwortsätzen oft noch von sich in der 3. Person und benutzt die Infinitivform. Einfachste Sätze wie z. B. „Der Ball ist rot." werden richtig nachgesprochen.
  Beispiele: Thomas auch das haben. Blumen abreißt, Mama schimpfen!
- leichte Stufe: Das spontane Sprechen des Kindes enthält noch grammatikalische Fehler. Das Nachsprechen von Hauptsätzen ohne Nebensätze z. B. „Vor der Haustür steht ein großer Apfelbaum." gelingt.

Ursachen für den Dysgrammatismus können sein:

- Hörstörungen
- Konzentrationsschwäche
- verkürzte Hörmerkspanne
- schlechtes Rhythmusempfinden
- schlechtes sprachliches Vorbild
- mangelnde sprachliche Anregung
- familiäre Sprachanlageschwäche
- psychische Störung (Klein-bleiben-Wollen)
- allgemeine Entwicklungsverzögerung
- allgemeine Sprachentwicklungsverzögerung

Ziel der Behandlung ist es zunächst, in den Bereichen, die der Störung zugrunde liegen zu arbeiten, so daß z. B. die Merkfähigkeit, das Rhythmusgefühl oder die Konzentration verbessert werden. Dann wird das Kind schrittweise alle Wortarten für den Satzbau lernen, allmählich die richtigen grammatischen Formen anwenden und seine Ausdrucksfähigkeit entwickeln.

3. Die Sprachentwicklungsverzögerung

Wenn das Kind gegen Ende seines 2. Lebensjahres erst wenige sinnbezogene Worte spricht, so können wir die Diagnose einer Sprachentwicklungsverzögerung stellen. Einige Erscheinungsbilder der physiologischen Sprachentwicklung treten hier zu einem verspäteten Zeitpunkt auf, bleiben unvollständig oder fehlen ganz.

Verzögerte Sprachentwicklung bedeutet, daß das Kind in bezug auf seine Sprach-/Sprechfähigkeit und oft auch in bezug auf die Entwicklung seines Sprachverständnisses hinter der seiner Altersgruppe zurückgeblieben ist. Es sollten jedoch nicht nur die sprachlichen Aspekte gesehen werden, sondern auch die allgemeine Entwicklung des Kindes und die Umweltbedingungen, unter denen das Kind aufwächst.

Bei vielen Kindern mit verzögerter Sprachentwicklung besteht ein auffallender Unterschied zwischen dem Verstehen der Sprache und der Sprachproduktion. Sie können Aufträge richtig ausführen, zeigen auf die genannten Bilder und bringen die verlangten Gegenstände, können aber deren Bezeichnungen selbst noch nicht nennen oder richtig aussprechen. Oft jedoch ist auch das Sprachverständnis im Rahmen der Sprachentwicklungsverzögerung nicht altersgemäß ausgebildet.

Mögliche Anzeichen zur frühen Erkennung einer Sprachentwicklungsverzögerung sind auf Seite 63f aufgelistet. Die aufgeführten Anzeichen müssen nicht zwingend eine Sprachentwicklungsverzögerung nach sich ziehen. Sollten Sie als Eltern jedoch mehrere dieser Anzeichen beobachten, ist es ratsam, dies mit dem Kinderarzt zu besprechen und einen Beratungstermin mit der LogopädIn/SprachtherapeutIn zu vereinbaren.

Fehlerarten finden sich in den folgenden Bereichen:

a) Bei den sprachlichen Leistungen können betroffen sein:

- Lautbildung: Stammeln (s. S. 66–68)
- Grammatik: Dysgrammatismus (s. S. 69/70)
- Wortschatz: eingeschränkter aktiver und passiver Wortschatz
- Verstehen von Worten, Aufträgen und Geschichten: eingeschränktes Sprachverständnis
- sprachliche Gestaltung: fehlender kreativer Sprachgebrauch

b) bei den nichtsprachlichen Leistungen können betroffen sein:

- auditive Wahrnehmung
  - phonematische Differenzierungsschwäche
  - eingeschränkte Hörmerkspanne (auditive Merkfähigkeit)
- Motorik: eingeschränkte Körper-, Hand- und Mundmotorik
- kognitive Leistungen: Unsicherheiten bei vorsprachlichen Leistungen (Farben, Formen, Mengen)
  - nicht altersentsprechende Kombinationsfähigkeit
  - eingeschränkte Auffassungsgabe
- taktil-kinästhetische Wahrnehmung: eingeschränkte Wahrnehmung des Tast- und Lagesinns

Ursachen

Selten läßt sich eine Ursache allein als Grund für die Sprachentwicklungsverzögerung festlegen. Meist ist es eine Vielzahl von Faktoren, die die verzögerte Sprachentwicklung des Kindes bedingt. Als mögliche Ursachen sind z. B. zu nennen:

- Hörstörungen
- frühkindliche Hirnschädigung (s. Abb. 3)
- Körperbehinderung oder geistige Behinderung
- Lippen-, Kiefer-, Gaumenspalten
- familiäre Sprachanlageschwäche
- mangelnde sprachliche Anregung

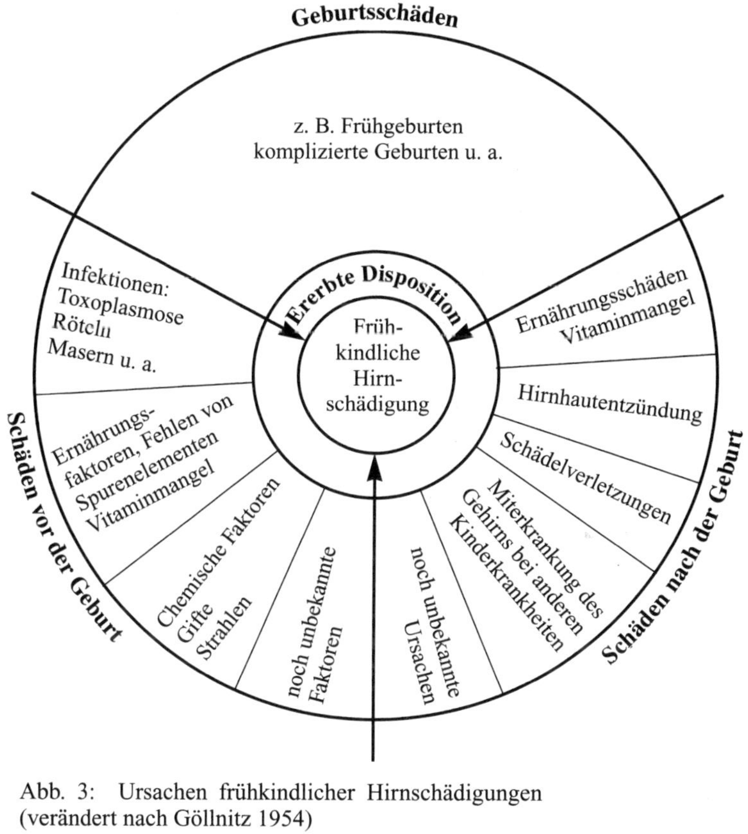

Abb. 3: Ursachen frühkindlicher Hirnschädigungen (verändert nach Göllnitz 1954)

- motorische Unreife
- auditive, visuelle und kinästhetische Wahrnehmungsschwäche
- verkürzte Aufmerksamkeitsspanne
- ungünstiges soziales Umfeld
- mangelnde Umwelterfahrung durch Überbehütung

Bei der Sprachentwicklungsverzögerung ist sowohl die Sprache als gesamtes System als auch die Entwicklung anderer (nichtsprachlicher) Bereiche betroffen. Daraus ergibt sich, daß man die Förderung aller Bereiche berücksichtigen muß und nicht direkt nur an der Verbesserung sprachlicher Leistungen ansetzen kann.

Ziel der Behandlung ist, nach ausführlicher Diagnostik, die Förderung zunächst der Bereiche, in denen das Kind einen großen Entwicklungsrückstand aufweist. Zeigt das Kind dann im Verlauf der Therapie altersgemäße nichtsprachliche und sprachliche Leistungen, kann es die Sprache fehlerfrei als Kommunikationsmittel einsetzen.

4. Der sprachliche Umgang mit dem Kind

Das Umfeld, in dem ein Kind aufwächst trägt, wie bereits erwähnt, maßgeblich zur Entwicklung des Kindes bei. Dies gilt sowohl für seine allgemeine als auch für seine sprachliche Entwicklung. Das Kind sollte Ruhe und Geborgenheit, die Freude an gemeinsamen Aktivitäten und Bedeutung und Bedürfnis von Kontakt und Kommunikation erfahren. Die Verantwortung, die die Eltern tragen, möchten wir durch das folgende Zitat unterstreichen:

„Die Menschen haben diese Wahrheit vergessen“, sagte der Fuchs. „Aber du darfst sie nicht vergessen. Du bist zeitlebens für das verantwortlich, was du dir vertraut gemacht hast. Du bist für deine Rose verantwortlich...“ (de Saint-Exupéry, 1980)

1. Sprachvorbild geben

Die Eltern sollten ihre eigene Sprechweise dem Kind gegenüber beobachten und ggf. verändern:

- Sprechen Sie mit dem Kind langsam und deutlich, nicht aber in der „Babysprache“?
- Sind Satzlänge, Wortwahl und Informationsgehalt dem Alter des Kindes angepaßt?
- Bleibt dem Kind in Gesprächen genügend Zeit, um zu überlegen, um Fragen zu stellen bzw. Fragen zu beantworten?

Eine Hilfe für die Eltern ist es, von Zeit zu Zeit Gespräche mit einem Cassettenrekorder aufzunehmen und sich diese hinterher anzuhören. Oft fallen dann Einzelheiten im Sprachverhalten auf, die im Verlauf des Gespräches nicht bemerkt werden.

2. Alltägliche Handlungen kommentieren

- Begleiten Sie Ihre alltäglichen Handlungen sprachlich, so daß dem Kind Sprache in konkreten Situationen angeboten wird.

  Beispiele:

  a) beim Anziehen – „So, jetzt werde ich dich anziehen. Zuerst das Hemd, jetzt den Pullover. Wo sind denn wieder deine Strümpfe geblieben?…"

  b) beim Kochen – „Erst gießen wir Wasser in den Topf, jetzt stellen wir den Topf auf den Herd… Die Äpfel müssen wir schälen…"

- Begleiten Sie Spielhandlungen Ihres Kindes mit Sprache

  Beispiel:

  „Ah, du hast die Eisenbahn gefunden. Das war eine gute Idee, dort eine Kurve zu bauen. Ja, da könnte die Brücke stehen…"
  oder:
  „Du willst die Puppe anziehen? Nein, diese Schuhe sind für diese kleine Puppe viel zu groß. Schau mal, ob du noch andere findest…"

Natürlich gilt hier, das Sprachangebot für das Kind in Maßen zu halten, es also nicht mit Kommentaren zu überhäufen, ständig auf das Kind einzusprechen oder ihm pausenlos Fragen zu stellen. Das Kind braucht ebenso Zeit, allein oder mit anderen Kindern, ohne Beisein Erwachsener, zu spielen oder auch im Spiel mit sich selbst zu sprechen.

3. Die Sprechfreude des Kindes fördern und erhalten

- Freuen Sie sich über jede sprachliche Äußerung Ihres Kindes, auch wenn sie noch unvollständig oder fehlerhaft ist.
- Kritisieren Sie nicht die Form der Äußerung und lassen Sie das Kind keinen Satz richtig wiederholen.
- Schaffen Sie Gesprächs- und Spielsituationen, die dem Kind Spaß machen.

4. Zuhören

- Üben Sie keinen Zeitdruck auf das Kind aus, schaffen Sie eine angenehme Gesprächssituation, indem Sie sich dem Kind zuwenden und es auch ansehen (Blickkontakt).
- Nehmen Sie Ihr Kind und das, was es erzählen möchte, ernst.
- Sprechen Sie mit ihm über seine Erlebnisse, seine Freude, seinen Ärger, fragen Sie es nicht aus und teilen Sie selbst ebenfalls Ihre Gefühle mit.
- Akzeptieren Sie, wenn das Kind etwas Bestimmtes nicht erzählen möchte.

5. Kontakt zu gleichaltrigen Kindern

- Ermöglichen Sie dem Kind das Spielen mit gleichaltrigen Kindern, so daß es die Möglichkeit hat, sich mit anderen Kindern sprachlich auseinanderzusetzen.
- Besuchen Sie, wenn es sich organisieren läßt, eine Eltern-Kind-Gruppe, in der bereits das kleine Kind Freunde findet, erste Lieder, Reime und gemeinsame Spiele kennenlernt, und auch Sie Anregungen für das gemeinsame und abwechslungsreiche Spiel zu Hause bekommen können.

6. Korrigierende Rückmeldung

Durch die Art der Äußerung im Gespräch können die Eltern dem Kind eine „korrigierende Rückmeldung“ für die Bereiche Artikulation, Satzbau und Wortschatz geben. Dabei geht es nicht darum, die Äußerungen des Kindes „papageienhaft“ zu wiederholen, sondern im Gespräch die Äußerung des Kindes selbst richtig zu wiederholen und dann das Gespräch fortzusetzen, ohne jedoch eine Nachsprechen vom Kind zu fordern (s. Tab. 2, S. 78).

Tabelle 2: Beispiel für gelungene korrigierende Rückmeldung

Kind	Eltern
a) Lautebene	
„Da Lula!" „Macht Metterhint da?"	„Da fliegt ein Luftballon." „Wir gucken, was der Schmetterling macht."
b) Wortebene	
„Das ist ein großer Bagger."	„O ja, ein Kran steht auf der Baustelle. Der Kran hebt die schweren Steine hoch."
„Ich will das alleine."	„Du möchtest dir selber etwas eingießen."
„Ich will auch sowas haben!"	„Möchtest du auch einen Pinsel haben und ein Bild malen?"
c) Satzebene	
„Lena auch essen wollen."	„Du möchtest auch etwas essen? Soll ich dir einen Apfel schälen?"
„Ich auch haben roten Ball!"	„Du hast einen roten Ball. Ich habe einen grünen Ball."
d) Wortbildung	
„Das hab ich gemalen."	„Ja, du hast ein schönes Bild gemalt."
„Der hat den Sandkuchen kaputt tretet."	„Ein Kind hat deine Sandburg zertreten. Jetzt bist du traurig. Komm, wir bauen eine Neue."

7. Hinweise für den Umgang mit dem sprachauffälligen Kind

Ein Kind, dessen Sprachentwicklung langsam oder unvollständig verläuft, braucht die Unterstützung der Eltern für die weitere Entwicklung in ganz besonderer Weise. Es sollte in der Familie genauso wie die anderen Kinder akzeptiert werden, aber auch keine Sonderrolle spielen. Die Eltern sollten darauf achten, nicht in Gegenwart des Kindes über seine Sprachauffälligkeiten zu sprechen und es nicht mit anderen Kindern zu vergleichen. Auch das sprachauffällige Kind hat seine Stärken und freut sich über Lob und Anerkennung, die wiederum sein Selbstvertrauen stärken.

Zunächst gelten für den sprachlichen Umgang mit dem Kind alle oben erwähnten Hinweise. Was Sie bzw. auch andere für das Kind wichtige Bezugspersonen auf jeden Fall zusätzlich beachten sollten:

- Keine Kritik an der schlechten Sprache des Kindes üben („Jetzt reiß' dich doch mal zusammen und überleg' dir, was du sagen willst.")
- Kein direktes Korrigieren der Fehler („Das heißt nicht Tinderdarten sondern Kindergarten.")
- Lassen Sie keine Laute oder Worte nachsprechen („Sag mal: K – Kuchen.")
- Stellen Sie dem Kind keine Fragen vor einer Gruppe Erwachsener oder fordern Sie es auf, Reime u. ä. aufzusagen. („Na los, sag mal das Gedicht auf, was ihr heute gelernt habt!")
- Lassen Sie das Kind ausreden, wenn es erzählt, unterbrechen Sie es nicht. Regen Sie es durch Nachfragen an, weiterzuerzählen (so z. B. nicht: „Hast du im Zoo auch die Affen gesehen?", denn hier kann das Kind nur mit ja/nein antworten. Eher also: „Welche Tiere haben dir denn am besten gefallen?... Warum denn gerade die Zebras?"..."). Äußern Sie auch Ihre eigene Meinung dazu, um kleine Gespräche in Gang zu bringen.
- Beantworten Sie Fragen des Kindes ernsthaft.

5. Störungen des Redeflusses / Stottern

Im Verlauf der Sprachentwicklung kommt es bei vielen Kindern zu Unterbrechungen des Redeflusses. Der Zuhörer ordnet diese Auffälligkeiten meist der Sprachstörung Stottern zu. Bei Kindern im Alter von ca. 2½ bis 5 Jahren sind solche Wiederholungen/ Unterbrechungen im Redefluß jedoch zunächst als „physiologische Sprechunflüssigkeit" zu sehen und sind somit keine Sprachstörung, auch wenn eine Ähnlichkeit zum Stottern besteht.

a) physiologische Unflüssigkeiten

Das Kind möchte besonders in dieser Zeit der Entwicklung spontan und möglichst unverzüglich Umwelteindrücke, neu Entdecktes oder gerade Erlebtes mitteilen. Oft sind dabei seine Gedanken schneller als das motorische Geschick seiner Sprechwerkzeuge für den schnellen Wechsel der Lautbildung. Manchmal findet das Kind auch nicht schnell genug die richtigen Worte. So kommt es, daß im Erzählfluß Silben-, Wort- oder Satzteile wiederholt werden, Anfangsbuchstaben gedehnt werden oder Unterbrechungen durch Pausen entstehen.

Beispiele:

Vor-vor-vor-gestern habe ich das schon ge-ge-gesehen. (Silbenwiederholungen)

Wo wo wo ist der Bagger. / Ich ich ich komme doch gleich. (Wortwiederholungen)

Auf dem auf dem Dach steht ein Mann. (Satzteilwiederholungen)

Aaaaaber heute möchte ich noch ein Eis essen. (Dehnung von Anfangsbuchstaben)

In diesem Entwicklungszeitraum (2½–5 Jahre) beginnen die Kinder auch mehr und mehr Dinge außerhalb ihres Elternhauses zu erleben, so daß der Mitteilungsdrang groß ist. Alles Erlebte muß erzählt und vor allem den Gefühlen muß Ausdruck verliehen werden. Darüber hinaus ist zu berücksichtigen, daß auch die Erzählfähigkeit in bezug auf die Satzlänge und Wortwahl zunimmt. Diese in der Entwicklung zuletzt gelernten Fähigkeiten stehen dem Kind noch nicht so sicher zu Verfügung, so daß sich bei Aufregung oder Ärger Unflüssigkeiten im Sprechablauf zeigen können.

Die Unflüssigkeiten können in beinahe jeder Äußerung vorkommen, über mehrere Wochen andauern, wieder verschwinden und auch nach einer längeren Phase des flüssigen Sprechens nochmals auftreten, ohne daß ein beginnendes Stottern vorliegen muß. Allerdings kann sich ein beginnendes Stottern daraus entwickeln. Daher ist es wichtig, daß sich die Eltern sowohl im sprachlichen Kontakt, als auch im Umgang ihrem Kind gegenüber angemessen verhalten, um die Sprechfreude und Mitteilungsbereitschaft des Kindes zu erhalten und die auftretenden Unflüssigkeiten nicht zu verstärken (vgl. Abb. 4, S. 82).

b) beginnendes Stottern

Neben den Kindern, die physiologische Unflüssigkeiten zeigen, gibt es eine kleine Gruppe von Kindern, die aus verschiedenen Ursachen ein „echtes" beginnendes Stottern zeigen. Für Eltern/ ErzieherInnen ist es oft schwer zu unterscheiden, ob es sich um ein beginnendes Stottern oder um physiologische Unflüssigkeiten handelt.

Bevor wir eine Beschreibung und Beispiele für beginnendes Stottern aufzeigen, möchten wir darauf hinweisen, daß eine Diagnostik und Beratung in jedem Fall durch einen Therapeuten getroffen werden muß. Eltern, die sich unsicher sind, ob es sich bei den Unflüssigkeiten ihres Kindes um ein beginnendes Stottern handelt, sollten das in jedem Fall mit Ihrem Kinderarzt be-

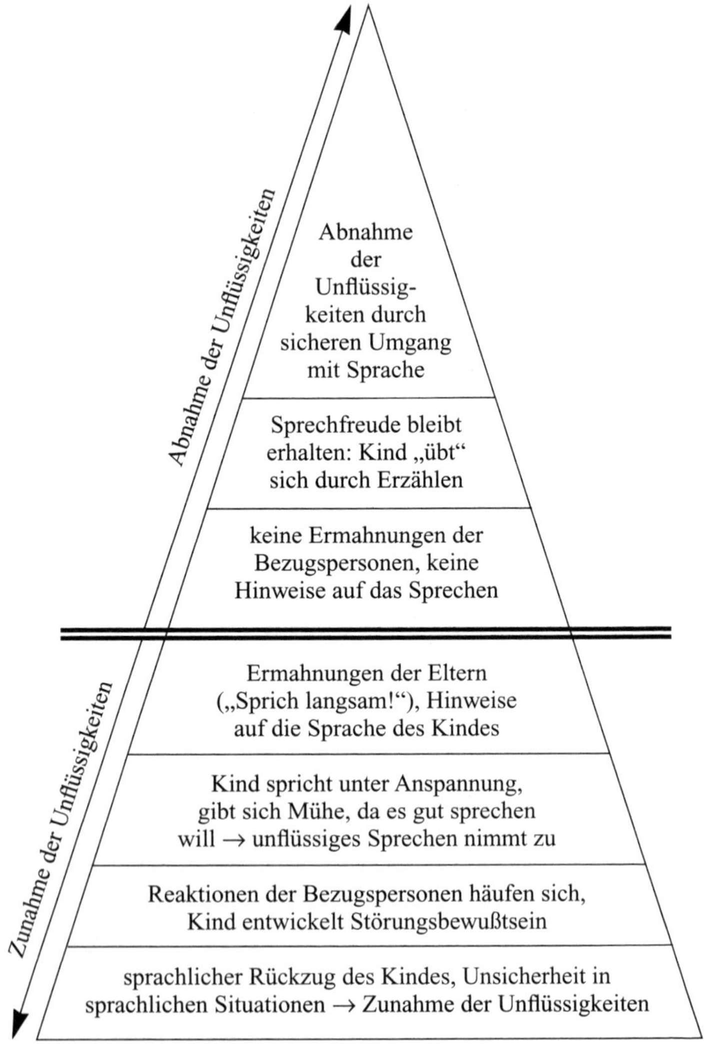

Abb. 4: Beeinflussung des Sprechablaufes durch Umweltreaktionen

sprechen und einen Beratungstermin mit einer LogopädIn/ SprachtherapeutIn vereinbaren, um diese Fragen zu klären und evtl. weiteres Vorgehen zu besprechen.

Unter Stottern versteht man Unterbrechungen des Redeflusses. Das Kind kann in der Regel alle Laute und Wörter richtig aussprechen und auch den Satz richtig bilden, ist aber nicht immer in der Lage, flüssig zu sprechen. Es kommt zu mehr oder minder langen Unterbrechungen im Sprechablauf. Vereinzelt sind z. B. Mitbewegungen der Arme und Beine bzw. Anspannungen und Mitbewegungen im Gesichtsbereich zu bemerken.

Anzeichen für ein beginnendes Stottern können sein:

- vermehrt nur Lautwiederholungen an Stelle von Silben-, Wort- und Satzteilwiederholungen
  z. B. „Be Be Be Be Ball" (das /e/ bleibt dabei unbetont wie bei habe)
- häufigeres Auftreten der Wiederholungen in einem Wort
  z. B. statt „Das habe ich ge-gebaut." nun „Das habe ich ge-ge-ge-gebaut."
- Anzeichen körperlicher Anspannung bei den Wiederholungen
- verlängertes Dehnen einzelner Laute
  z. B. „Eeeeeine lange Sch------lange."
- Anzeichen körperlicher Anstrengung in den Pausen
- Anspannungen im Mundbereich
- Andauern der Unflüssigkeiten länger als 6 Monate
- sprachlicher Rückzug des Kindes, d. h. es erzählt nicht mehr spontan und freudig oder bricht das Erzählen ab
- allgemeiner (situativer) Rückzug, das Kind weicht Sprechsituationen aus und möchte z. B. nicht mehr Einkaufen, Besuch haben etc.

Die hier erwähnten Anzeichen müssen nicht alle gleichzeitig auftreten, können in ihrer Ausprägung und Deutlichkeit schwanken und sich im Tagesverlauf, je nach Situation, Verfassung des Kindes, Gesprächspartnern u. a. verändern.

Ursachen:

Obwohl schon lange nach den Ursachen für das Stottern geforscht wird, ist es bis heute nicht eindeutig geklärt, warum ein Kind anfängt zu stottern. Meist ist es, ähnlich wie bei der Sprachentwicklungsverzögerung ein Ursachenbündel, d. h. eine Vielzahl von Faktoren, die das Stottern bedingen und entstehen lassen.

Wichtig ist – unabhängig von Ursachen und Entstehungsgeschichte – das Verhalten der Umwelt dem Kind gegenüber. Eltern/ErzieherInnen sollten sich sowohl sprachlich als auch nichtsprachlich in der Kommunikation angemessen verhalten, um die Sprechfreude des Kindes zu erhalten und die auftretenden Unflüssigkeiten nicht zu verstärken. Eine Beratung und evtl. Abklärung durch einen Therapeuten ist in jedem Fall sinnvoll. Die Eltern sollten bereits bei der Anmeldung/Terminabsprache berücksichtigen, daß es nicht sinnvoll ist, das Gespräch über die Sprechunflüssigkeiten im Beisein des Kindes zu führen.

In der nachfolgenden Tabelle sind positive und negative Verhaltensweisen als Reaktion auf sprachliche Äußerungen des Kindes dargestellt. Wir möchten nochmals darauf hinweisen, daß sich bei Kindern, die negative Reaktionen auf ihre Wiederholungen erfahren haben, die Sprechunflüssigkeiten in der Regel verstärken. Kinder bemühen sich nach Ermahnungen und Hinweisen, besonders „gut“ zu sprechen, achten besonders auf ihr Sprechen und „strengen sich an“. Dies jedoch führt zu vermehrten Unflüssigkeiten, durch die wiederum ihre Unsicherheit wächst. So beginnt der oft zitierte „Teufelskreis“ aus: Sprechunflüssigkeit – Ermahnungen/Hinweise – Anspannung – Zunahme der Sprechunflüssigkeiten, oder aber die Kinder ziehen sich sprachlich zurück. Manchmal verbessert sich das Sprechen des Kindes nach Ermahnungen und Üben für einige Zeit, doch ist das nur ein kurzfristiger „Erfolg“.

Tabelle 3: Positive und negative Reaktionen auf Stottern

positiv	**negativ**
a) sprachlich	
• gutes Sprachvorbild geben (Tempo/Deutlichkeit)	• eigene unruhige, ungeduldige Sprechweise
• Den Inhalt ernst nehmen, Interesse zeigen durch – Nachfragen, Zustimmen – aufmerksames Zuhören	• Gespräche abblocken oder abbrechen/ den Inhalt als unwichtig abtun
• das Kind aussprechen lassen	• das Kind unterbrechen/ wiederholen lassen
• angenehmes Gesprächsklima schaffen durch freundlichen Umgangston	• das Kind ermahnen („Sprich langsam!")
• fehlerhaftes Sprechen akzeptieren	• das Kind verbessern/ auf Fehler hinweisen
• verbessernde Rückmeldung geben	• in Gegenwart des Kindes über seine Schwierigkeiten sprechen
b) nichtsprachlich	
• Zeit haben für das Kind	• Zeitdruck an das Kind weitergeben
• Zuwendung zum Kind	• ablehnende Körperhaltung/ kein Zuwenden zum Kind
• Blickkontakt aufnehmen/halten	• Blickkontakt abbrechen
• angenehmes Gesprächsklima durch – Ruhe im Gespräch – Körperkontakt (z. B. auf den Schoß nehmen) – freundlicher Umgang mit dem Kind	• durch Mimik/Gestik/Erstaunen oder Ablehnung bei Unflüssigkeiten zum Ausdruck bringen • das Kind wegen seiner Sprechauffälligkeit benachteiligen oder bevorzugen

c) positives und negatives Elternverhalten

Die Eltern sollten auch andere, für das Kind wichtige Bezugspersonen (z. B. Großeltern, Freunde, ErzieherInnen), über die positiven und negativen Verhaltensweisen als Reaktion auf sprachliche Äußerungen des Kindes informieren.

6. Der Weg zur Beratung / Therapie

Haben die Eltern den Eindruck, daß die Sprachentwicklung ihres Kindes nicht altersgemäß verläuft, sollten sie zunächst zur Diagnostik und Beratung einen Kinder- oder Hals-, Nasen-, Ohrenarzt oder Phoniater aufsuchen, die wiederum an LogopädInnen/ SprachheilpädagogInnen/SprachtherapeutInnen überweisen bzw. in der Regel auch die Adressen der örtlichen Therapeuten (Praxen niedergelassener LogopädInnen) oder Beratungsstellen kennen.

Die Kostenübernahme für Diagnostik, Beratung und Therapie erfolgt in der Regel, nach ärztlicher Verordnung, durch die Krankenkasse. Vor dem ersten Termin bei der LogopädIn/SprachheilpädagogIn/SprachtherapeutIn sollten sich die Eltern auf jeden Fall bei ihrer Krankenkasse erkundigen, wie die Kostenübernahme geregelt wird.

Es ist für den Therapeuten hilfreich, wenn die Eltern Informationen über die bisherige Entwicklung des Kindes mitbringen. Dazu gehören Angaben über beobachtete Entwicklungsschritte (z. B. freies Sitzen, Krabbeln, Laufen, erste Wörter etc.), Angaben über Erkrankungen des Kindes, medizinische Behandlungen und ggf. über bisher erfolgte therapeutische Maßnahmen (z. B. Frühförderung, Krankengymnastik etc.). Es ist sinnvoll, das gelbe *Kinder-Untersuchungsheft* zum ersten Termin mitzubringen. Manchmal ist es ungünstig, Gespräche, die die Entwicklung des Kindes betreffen, im Beisein des Kindes zu führen. Daher ist es hilfreich, wenn bereits bei der Anmeldung der Grund der Vorstellung genannt wird, so daß entsprechende Termine vereinbart werden können.

Diagnostik, Beratung und Therapie sind je nach Art der

Sprachstörung sehr unterschiedlich. Daher erfolgt hier keine allgemeingültige Beschreibung. Die Eltern können die Behandlung durch ihre Mitarbeit unterstützen, sie sollten dies jedoch immer in Absprache mit dem Therapeuten tun.

Erklärung von Fachbegriffen

Agrammatismus: schwerste Stufe des Dysgrammatismus, d. h. das Kind beschränkt sich auf den 1-Wort-Satz, der nur durch Mimik, Tonfall und Gestik verständlich wird

Artikulation: bestimmte definierte Bewegung von Zunge, Lippen, Kiefer, Gaumen, um Vokale und Konsonanten zu bilden

auditiv: akustisch, d. h. den Sinn des Hörens betreffend

Diagnose: Erkennung, Bestimmung von Krankheiten; hier: genaue Untersuchung der Sprachstörung, Feststellung der Auffälligkeiten und ggf. der Ursachen

Differenzierung, phonematische: Unterscheidung ähnlich klingender Geräusche, Klänge und Laute

Disposition: Neigung, Empfänglichkeit für Krankheiten bzw. Anlage für die Entstehung besonderer Auffälligkeiten, die aber nicht zwingend auftreten müssen

Dysgrammatismus: Störung in der Fähigkeit, seine Gedanken, Wünsche und allgemeine Mitteilungen in der richtigen grammatischen Form zum Ausdruck zu bringen

Dyslalie: auch Stammeln; Unfähigkeit, bestimmte Laute oder Lautverbindungen zu bilden oder sie an der entsprechenden Stelle im Wort bzw. Satz einzusetzen

Feinmotorik: dosierte, fein abgestimmte Bewegungen vor allem der Hände und Finger

frühkindlicher Hirnschaden: (meist minimale) Funktionsstörung im Gehirn, die unmittelbar vor, während oder nach der Geburt verursacht wird

Grobmotorik: alle gesamtkörperlichen Bewegungen

Hörmerkspanne: Anzahl der Silben oder Wörter, die sich ein Kind nach einmaligem Hören merken und dann auch wiedergeben kann

Integration: Wiederherstellen eines Ganzen aus seinen Teilen, hier: aufnehmen, verarbeiten, ordnen und speichern aller Sinneseindrücke; erforderlich, um sich sinnvoll mit seiner Umgebung auseinanderzusetzen

Kieferanomalien: Fehlstellungen im Kieferbereich, die zu Zahnfehlstellungen und evtl. zu Störungen der Lautbildung führen können

kinästhetisch: die Bewegungen betreffende Wahrnehmung

kognitiv: auf das Denken / die geistige Entwicklung bezogen

Lallen: spielerische Lautäußerungen des Säuglings

Lautbildung: Artikulation

Lautierungen: Lautäußerungen, s. auch Lallen

Merkfähigkeit: Fähigkeit, neue Eindrücke kurzfristig zu behalten, s. a. Hörmerkspanne

Modulation: Abstufung des Sprechens nach Lautstärke und Klangfarbe

Motorik: alle willkürlichen Bewegungsvorgänge, die die Stellung der Muskulatur und den Spannungszustand des Bewegungsapparates verändern

Mundmotorik: alle Bewegungen der Zunge, der Lippen, des Unterkiefers und der Wangen, die zur Nahrungsaufnahme und zum Sprechen von Bedeutung sind

myofunktionelle Störung: Störungen des muskulären Gleichgewichts der am Schluck- und Sprechvorgang beteiligten Muskeln mit Beeinträchtigung der Zahnstellung und oft auch der Lautbildung

Näseln: *geschlossenes Näseln:* bei den Nasalen (M/N/NG) entweicht die Luft nicht wie im Regelfall durch die Nase, sondern durch den Mund; oft mit Störung des Stimmklanges

offenes Näseln: bei allen Lauten entweicht zu viel Luft durch die Nase anstatt durch den Mund, so daß Lautbildung und Stimmklang auffällig sind

Nasale: die Laute M/N/NG, bei denen beim Sprechen die Luft auch durch die Nase geführt wird

physiologisch: alle natürlichen, normalen Lebensvorgänge, Aufbau und Funktion der Organe betreffend; hier: alle natürlichen Entwicklungsschritte betreffend

Poltern: überhastetes, schnelles Sprechen mit nur wenigen Pausen, undeutliche Aussprache und ungeordnete Erzählweise in bezug auf den Inhalt

propriozeptiv: die Eigenwahrnehmung betreffend; die propriozeptive Wahrnehmung ermöglicht dem Gehirn, in jedem Augenblick zu erkennen, wo sich jeder Körperteil befindet und wie er sich bewegt

Resonanzraum: Mund-, Nasen- und Rachenraum

Rhinophonie: Näseln

Sensomotorik: die durch Sinnesreize (Tasten, Sehen, Hören, Fühlen) veranlaßte Bewegung

Sprachentwicklungsverzögerung: verspätetes Auftreten oder Ausbleiben physiologischer Sprachentwicklungsschritte

Sprachverständnis: die Fähigkeit, Gehörtes bzw. Gelesenes auch ohne direkten situativen Zusammenhang aufnehmen und verarbeiten zu können und entsprechend zu handeln

Stammeln: Dyslalie

Stimmstörung: auffälliger Stimmklang (z. B. Heiserkeit), bedingt durch funktionelle oder organische Ursachen

Stottern: Unterbrechungen des Redeflusses durch Laut-, Silben-, Wort- oder Satzteilwiederholungen, Pausen oder Lautdehnungen

taktil: den Sinn der Berührung von Haut und Schleimhäuten betreffend

Toxoplasmose: Infektionskrankheit

vestibulär: den Gleichgewichtssinn betreffend

visuell: den Sinn des Sehens betreffend

Vokalsprache: nur aus Vokalen bestehende Sprache, es werden keine Konsonanten benutzt (Beispiel: oo – a – u – statt Luftballon)

Wahrnehmung: das Erfassen und Aufnehmen der Umwelt über die Sinnesorgane

Literatur

Affolter, F.: Wahrnehmung, Wirklichkeit und Sprache. Neckar-Verlag, Villingen, 5. Aufl. 1991

Ayres, A. J.: Bausteine der kindlichen Entwicklung. Springer-Verlag, Berlin/Heidelberg/New York/Tokyo 1984

Biesalski, P.: Ärztlicher Rat bei Sprachstörungen im Kindesalter. Thieme Verlag, Stuttgart 1978

Franke, U.: Logopädisches Handlexikon. Ernst Reinhardt Verlag, München /Basel, 4. Aufl. 1994

Führing, Lettmayer, Elstner, Lang: Die Sprachfehler des Kindes und ihre Beseitigung. Österreichischer Bundesverlag, Wien 1978

Göllnitz, G.: Die Bedeutung der frühkindlichen Hirnschädigung für die Kinderpsychiatrie. Thieme-Verlag, Leipzig 1954

Grohnfeldt, M.: Grundlagen der Therapie bei sprachentwicklungsgestörten Kindern. Edition Marhold, Berlin, 3. Aufl. 1993

Grunwald, A.: Sprachtherapie. Hamburg 1979 (Direktbezug vom Verlag Sigrid Persen, Billwiese 10, 21033 Hamburg-Bergedorf)

Gutzmann, H.: Des Kindes Sprache und Sprachfehler. Verlagsbuchhandlung Weber, Leipzig 1931

Hortmann, K.: Die Bedeutung einer normgerechten Sprachentwicklung im Säuglings- und Kleinkindalter. Ärztliche Jugendkunde 61, 1970, 535–543

Kainz, F.: Die Sprachentwicklung im Kindes- und Jugendalter. Ernst Reinhardt Verlag, München/Basel 1964

Maschka, F., Enenkel, K.: Mein Kind hat Schwierigkeiten beim Sprechen. Jugend & Volk, Verlagsgesellschaft, Wien 1969

Piaget, J.: Das Erwachen der Intelligenz beim Kinde. Ernst-Klett-Verlag, Stuttgart 1969

Puppe, P.: Sprachauffälligkeit im Vorschulalter – der neue Schwerpunkt einer zeitgemäßen Sprachbehindertenpädagogik. Die Sprachheilarbeit 21. Jg. 1976, 141–152, 169–184

Radigk, W.: Wie Andi das Sprechen lernt. Scriptor Verlag, Königstein/Ts. 1982

Reckling, H.-J.: Rhythmisch-musikalische Erziehung in der Sprachheilschule. Marhold Verlagsbuchhandlung, Berlin 1975

Richter, E.: Rhythmus als ausdrucksfördernder Faktor in der Übungsbehandlung des Stotterns. Die Sprachheilarbeit 12. Jg. 1967, 50–60
Richter, E.: Wenn ein Kind anfängt zu stottern. Ernst Reinhardt Verlag, München/Basel, 2. Aufl. 1990
Richter, E., Wertenbroch, W.: Die Sprachübungsbehandlung des Stotterns. Verlag Sigrid Persen, Hamburg 1980
Rösler, A.: Der praktische Sprachheillehrer. Marhold Verlagsbuchhandlung, Halle/Saale 1933
Saint-Exupéry de, A.: Der kleine Prinz. Karl Rauch Verlag, Düsseldorf 1980
Schwerin von, A.: Sprache haben – Sprechen können. Hilfen für sprach- und sprechauffällige Kinder im Kindergarten. Herder Verlag, Freiburg/Br. 1987
Seemann, M.: Sprachstörungen bei Kindern. VEB Verlag Volk und Gesundheit, Berlin 1974
Stengel, I.: Sprachschwierigkeiten bei Kindern. Klett-Cotta-Verlag, Stuttgart, 7. Aufl. 1992
Teumer, J., Schwarze, A.: Spricht Ihr Kind wie andere Kinder? „Paket“: Materialien zur Öffentlichkeitsarbeit. Hamburg 1982
Wendlandt, W.: Sprachstörungen im Kindesalter. Materialien zur Früherkennung und Beratung. Thieme Verlag, Stuttgart/New York, 2. Aufl. 1995
Wertenbroch, W.: Übungsbuch zur Behandlung des Stotterns nach der Methode von Erwin Richter. Verlag Sigrid Persen, Hamburg 1982
Wulff, J.: Sprechfibel. Wegweiser zum richtigen Sprechen für die Kleinen. Ernst Reinhardt Verlag, München/Basel, 7. Aufl. 1989
Zollinger, B.: Die Entdeckung der Sprache. Verlag Paul Haupt, Bern/Stuttgart/Wien, 2. Aufl. 1996

»Kinder sind Kinder«

Diese Reihe bietet Rat und Informationen all denen, die täglich mit Kindern zu tun haben. Die handlichen Taschenbücher stellen aktuelle Themen aus dem Alltag mit Kindern dar und helfen, Probleme richtig zu erkennen, zu vermeiden oder ihren Anfängen entgegenzuwirken.

BAND 1
Alfred Zuckrigl
Linkshändige Kinder in Familie und Schule
5., ergänzte Auflage 1995. 96 Seiten (3-497-01370-6)

BAND 2
Erwin Richter
Wenn ein Kind anfängt zu stottern
Ratgeber für Eltern und Erzieher
2. Auflage 1990. 96 Seiten (3-497-01208-4)

BAND 4
Gertraud Kietz
Kinder erleben und verstehen
1982. 112 Seiten (3-497-00987-3)

BAND 5
Heinrich Kratzmeier
Schule – unheimlich wichtig
1982. 80 Seiten (3-497-00988-1)

BAND 6
Beate Lohmann
Müssen Legastheniker Schulversager sein?
3., aktualisierte Auflage 1997. 109 Seiten (3-497-01422-2)

BAND 7
Ernst J. Kiphard
Unser Kind ist ungeschickt
Hilfen für das bewegungsauffällige Kind
4., aktualisierte Auflage 1996. 83 Seiten (3-497-01404-4)

BAND 8
Heinz-Lothar Worm
Fünf Fragen an den Elternberater
Zählenlernen, Farbenkennen, Geschwisterverhalten, Bettnässen, Straßenverkehr
1984. 66 Seiten (3-497-01059-6)

BAND 10
Francis X. Walton, Robert L. Powers
Vertrauen und Verantwortung zwischen Kindern und Erwachsenen
1984. 77 Seiten (3-497-01075-8)

BAND 11
Manfred Berger
Der Übergang von der Familie zum Kindergarten
Anregungen zur Gestaltung der Aufnahme in den Kindergarten
2., neubearbeitete Auflage 1997. 107 Seiten (3-497-01428-1)

BAND 12
Andreas Mehringer
Eine kleine Heilpädagogik
Vom Umgang mit schwierigen Kindern
1992 (36 Tsd.). 98 Seiten (3-497-01135-5)

BAND 13
Thomas Lang
Kinder brauchen Abenteuer
2., ergänzte Auflage 1995. 80 Seiten (3-497-01369-2)

BAND 14
Franz J. Mönks, Irene H. Ypenburg
Unser Kind ist hochbegabt
Ein Leitfaden für Eltern und Lehrer
1993. 88 Seiten (3-497-01300-5)

Ernst Reinhardt Verlag München Basel